CIUDADANÍA AMERICANA 2022-2023

By

KENAY KEIRA

índice

Capítulo 4

Capítulo 5

Capítulo 6

Capítulo 1

Ciudadanía y Naturalización

La Ciudadanía que es el conjunto de derechos y deberes por los cuales una persona debe convivir en la sociedad en la que vive. Esta definición de ciudadanía es un vínculo en común que une a las personas a los ideales cívicos y la creencia en los derechos y libertades garantizadas en la Constitución de Estados Unidos. Uno de los requerimientos para la ciudadanía en Estados Unidos; es la naturalización, para que los ciudadanos puedan actuar en sus derechos políticos.

Convertirse en ciudadano estadounidense es una de las decisiones más importantes de un inmigrante. Según su situación, puede haber diferentes formas para obtener la ciudadanía.

La naturalización es el proceso mediante el cual un inmigrante de los Estados Unidos puede convertirse en ciudadano estadounidense. Solo ciertos inmigrantes son elegibles: aquellos que han sido titulares de la tarjeta verde (residentes permanentes) durante 3 a 5 años o cumplen con varios requisitos del servicio militar. Convertirse en ciudadano estadounidense tiene muchas ventajas y también significa asumir nuevas responsabilidades. Esta guía lo ayudará a comprender cómo convertirse en ciudadano estadounidense, incluidos los requisitos para la ciudadanía estadounidense, todo el proceso de solicitud y los derechos y obligaciones de un ciudadano naturalizado.

Adquisición de ciudadanía a través de padres estadounidenses al nacer y otra después de haber nacido, pero antes de cumplir los 18 años.

Quien es elegible para solicitar la Ciudadanía Americana

La elegibilidad para la naturalización generalmente depende de varios factores:

- Cuánto tiempo ha tenido su tarjeta de residencia.

- Cuánto tiempo ha vivido físicamente en los Estados Unidos.

- Si ha servido en las fuerzas armadas de EE. UU. (y si es así, si su servicio fue durante "tiempo de paz" o "tiempo de guerra".

Le damos un resumen de los grupos más comunes de personas que son elegibles para la naturalización y cuando pueden solicitarla:

- Si eres titular de la tarjeta de residencia sin circunstancias especiales, y has vivido físicamente en los EE.UU., durante al menos 30 meses (2 años y 6 meses), puedes solicitar la naturalización después de 5 años.

- Si eres titular de la tarjeta de residencia que este casado con un ciudadano estadounidense, y has vivido físicamente en los EE.UU., durante al menos 18 meses (1 año y 6 meses), puedes solicitar la naturalización después de 3 años.

- Si eres viudo de un ciudadano estadounidense que murió mientras presentaba servicio honorablemente en el ejército, no requiere haber vivido físicamente en los EE.UU. durante algún tiempo definido, y puedes solicitar la naturalización en cualquier momento.

- Si eres titular de una tarjeta de residencia con al menos 1 año de servicio militar en tiempo de paz, no requiere haber vivido físicamente en los EE.UU., durante algún tiempo definido, puedes solicitar la naturalización mientras esté en el servicio activo o dentro de los 6 meses de separarse honorablemente del ejército.

- Si eres un titular de la tarjeta de residencia con menos de 1 año de servicio militar en tiempo de paz, y has vivido físicamente en los EE.UU., durante al menos 30 meses (2 años y 6 meses), puedes solicitarlo la naturalización después de 5años.

- Si eres un titular de la tarjeta de residencia con al menos 1 año de servicio militar en tiempo de paz y dado de baja honorablemente hace más de 6 meses, y has vivido físicamente en los EE.UU., durante al menos 30 meses (2 años y 6 meses), puedes solicitar la naturalización después de los 5 años.

- Si eres miembro de las fuerzas armadas con cualquier periodo de servicio en tiempo de guerra (con o sin tarjeta de residencia), no requiere haber vivido físicamente en los EE.UU., durante algún tiempo definido, puedes solicitar la naturalización en cualquier momento.

¿Cuáles son los requisitos para obtener la Ciudadanía estadounidense por Naturalización?

Existen pautas para determinar si se es elegible o no para obtener la ciudadanía de los EE. UU. a través de la naturalización. El solicitante debe:

- Ser mayor de 18 años.

- Ser residente permanente y haber residido en los EE. UU. de manera continua durante los últimos tres años.

- Poseer buena conducta moral y dar a conocer sus antecedentes penales.

- Comprometerse con los principios establecidos en la Constitución de los Estados Unidos.

- Poder leer, escribir y hablar inglés.

- Conocer la historia y cómo funciona el gobierno de los EE. UU. y luego presentar y aprobar el examen para inmigrantes.

- Prestar juramento de lealtad.

¿Quiénes obtienen la Ciudadanía por nacimiento?

Existen dos vías primarias para obtener la ciudadanía por medio de los padres que son ciudadanos estadounidenses:

1. Puede ser al momento del nacimiento, al realizar el registro de nuevo integrante.

2. Después del nacimiento, pero antes de haber cumplido los 18 años.

Existen leyes aprobadas por el Congreso que incluso permiten otorgar la ciudadanía a hijos menores de edad que residen fuera del territorio estadounidense.

Para calificar a recibir la ciudadanía por este medio, es necesario que al menos uno de los padres sea ciudadano estadounidense y que dicho padre haya vivido en Estados Unidos por un periodo mínimo de tiempo. Depende también de cuestiones como el tiempo que el menor ha estado fuera del país, o bien si vive dentro como residente permanente o como inmigrante.

Es necesario verificar los requisitos a fondo para cada situación dentro de los estatutos del Servicio de Ciudadanía e Inmigración de los Estados Unidos (USCIS, por sus siglas en inglés).

Aquellos nacidos en el extranjero que son hijos de un padre ciudadano estadounidense, también podrían recibir la ciudadanía si:

Nacieron fuera de los Estados Unidos el 14 de noviembre de 1986 o después, y solo uno de sus padres era ciudadano al momento de su nacimiento.

El padre ciudadano vivió al menos 5 años en los Estados Unidos antes de que nacieran.

Responsabilidades de los Ciudadanos estadounidense:

- Participar de un juicio como jurado.
- Servir a las Fuerzas Armadas en caso de ser convocado.

- Pagar los impuestos.

- Respetar los derechos, creencias y opiniones del otro.

- Cumplir con las leyes.

- Respetar y defender la Constitución.

- Defender al país cuando sea necesario.

- Participar en las elecciones.

Capítulo 2

———◆◇◆———

Cómo obtener una Tarjeta de Residencia EE. UU.

Tarjeta de Residencia

También conocida como Tarjeta Verde, (llamada oficialmente "tarjeta de residente permanente" o Formulario I-551), permite que un ciudadano no estadounidense viva en los Estados Unidos y trabaje legalmente sin la necesidad de tener una visa estadounidense. La tarjeta de residencia permanente permite gozar de los mismos derechos que cualquier ciudadano estadounidense (seguridad social, salud, educación, jubilación …), excepto el derecho a votar y a ser jurado en un juicio. La tarjeta de residencia permanente es emitida por el USCIS (Servicio de Ciudadanía e Inmigración de los Estados Unidos). Su validez es variable y depende del motivo de obtención. La renovación de la tarjeta de residencia permanente debe hacerse a pedido. Por lo tanto, es posible mantener la tarjeta verde de por vida si cumplimos con ciertas condiciones (declarar impuestos, pagar impuestos en los Estados Unidos, no salir de los Estados Unidos por un largo tiempo). Poseer una tarjeta de residencia también le permite solicitar la naturalización después de 5 años.

Tipos de Tarjetas de Residencia

Hay muchas categorías de tarjetas de residencia. Los tipos más comunes son:

- Tarjeta de residencia familiar.

- Tarjeta de residencia por empleo.

- Tarjeta de residencia por razones humanitarias.

- Tarjeta de residencia por lotería de diversidad.

- Tarjeta de residencia para residentes de larga duración.

- Otras tarjetas de residencias.

Tarjeta de residencia familiar

Los familiares cercanos de ciudadanos estadounidenses y los titulares de tarjetas de residencia actuales pueden solicitar sus propias tarjetas de residencia familiares. Los miembros de la familia elegibles incluyen cónyuges, hijos, padres y hermanos (así como los cónyuges e hijos de esos cónyuges, hijos adultos y hermanos). También se incluyen en esta categoría los viudos que estaban casados con un ciudadano estadounidense en el momento en que murió el ciudadano. Al igual que los cónyuges de ciudadanos estadounidenses vivos y los titulares de tarjetas de residencia actuales que solicitan una tarjeta de residencia basada en el matrimonio, los viudos deben demostrar que su matrimonio fue auténtico para recibir una tarjeta de residencia.

Muchos miembros de la familia extendida (primos, tíos y abuelos) no califican. Pueden solicitar una tarjeta de residencia solo si también tienen un pariente más cercano que sea ciudadano de los EE. UU. o poseedor de una tarjeta de residencia actual (o califique para uno de los otros tipos de tarje-tas de residencia a continuación).

Tarjeta de residencia por empleo

Dentro de la categoría de la tarjeta de residencia por empleo, múltiples subcategorías de trabajadores pueden solicitar la residencia permanente. En algunos casos, sus cónyuges e hijos también pueden calificar para una tarjeta de residencia.

Le enumeraremos las subcategorías basadas en el empleo y los tipos de trabajos que incluyen:

1. Trabajadores prioritarios (EB-1): Posiciones en artes, ciencias, educación, negocios y atletismo que requieren una habilidad extraordinaria, profesores e investigadores destacados, gerentes y ejecutivos multinacionales.

2. Profesionales con títulos avanzados y habilidades excepcionales (EB-2): Posiciones que requieren al menos una maestría, posiciones que requieren al menos una licenciatura, más al menos cinco años de experiencia relevante, Posiciones en ciencias, artes o negocios que requieran una habilidad excepcional, cargos de interés nacional.

3. Médicos (EB-2 con una exención especial): Médicos que aceptan trabajar a tiempo completo en áreas desatendidas durante un período específico y cumplen con otros criterios de elegibilidad.

4. Trabajadores calificados, no calificados y profesionales (EB-3): Puestos calificados que requieren un mínimo de dos años de

capacitación o experiencia que no sea temporal o estacional, puestos no calificados que requieren menos de dos años de capacitación o experiencia que no sea temporal o estacional, puestos profesionales que requieren al menos un título de bachiller, licenciatura de una universidad o colegio de los EE. UU. o el equivalente a este título de una escuela fuera de los EE. UU.

5. Trabajadores especiales (EB-4): Profesionales de los medios, trabajado-res y ministros religiosos, ciudadanos de Afganistán e Irak que han servido al gobierno de Estados Unidos bajo ciertas capacidades, algunos otros empleados, jubilados y sus familiares.

6. Inversores (EB-5): Ciudadanos no estadounidenses que han invertido o están invirtiendo al menos $ 1 millón (o $ 500,000 en un área rural o de alto desempleo) en un nuevo negocio estadounidense que creará pues-tos de tiempo completo para al menos 10 trabajadores.

La habilidad extraordinaria se demuestra "a través del reconocimiento nacional o internacional sostenido. Sus logros deben ser reconocidos en su campo a través de una extensa documentación", según el Servicio de Ciudadanía e Inmigración de los Estados Unidos (USCIS).

La habilidad excepcional se refiere a "un grado de experiencia significativamente superior al que se encuentra normalmente" en su campo.

Tarjetas de residencia humanitaria

1. **Para refugiados y asilados**

   Las personas que temen, o han experimentado, persecución en su país de origen, debido a su raza, religión, nacionalidad, opinión política o pertenencia a un grupo social en particular, pueden buscar protección en los Estados Unidos solicitando una visa desde el extranjero (para vienen como refugiados) o desde dentro de los Estados Unidos (para permanecer como asilados).

   Una vez que hayan vivido físicamente en los Estados Unidos durante al menos un año desde que recibieron el estatus de refugiado o asilo, pue-den solicitar una tarjeta de residencia. Los hijos y cónyuges (y en algunos casos, otros miembros de la familia) de refugiados y asilados también pueden buscar protección en los Estados Unidos bajo estos programas y eventualmente solicitar una tarjeta de residencia.

2. **Para las víctimas de la trata de personas**

   Las víctimas de la trata de personas que viven en los Estados Unidos, ya sea legal o ilegalmente (en otras palabras, "indocumentadas"), pueden solicitar una visa T para permanecer en los Estados Unidos hasta por cuatro años. Sin embargo, como condición para la visa T, deben ayudar a investigar y procesar a los perpetradores de la trata de personas (a menos que la víctima sea menor de 18 años, en cuyo caso no necesitan ayuda con tales esfuerzos). Para calificar para una tarjeta de residencia, el solicitante debe haber vivido físicamente en los Estados Unidos durante uno de los siguientes períodos, el que sea más corto:

- Tres años desde que recibió una visa T.

- La duración de una investigación o enjuiciamiento por trata de personas.

También deben cumplir con otros requisitos de elegibilidad. Estos incluyen, por ejemplo, demostrar "buen carácter moral" (lo que significa que no han cometido ciertos delitos, como fraude, prostitución o asesinato) desde el momento en que recibieron una visa T hasta que fueron aprobados para una tarjeta de residencia. Como otro ejemplo, deben demostrar al gobierno de los Estados Unidos que sufrirían dificultades extremas que implicarían daños graves si tuvieran que abandonar los Estados Unidos.

Ciertos miembros de la familia también serán elegibles para solicitar sus propias tarjetas de residencia siempre que tanto esos familiares como la víctima cumplan con todos los requisitos.

3. Para víctimas de delitos

Las víctimas de "abuso físico o mental sustancial" que viven en los Estados Unidos, ya sea legal o ilegalmente (en otras palabras, "indocumentados"), pueden buscar protección solicitando una visa U. Para obtener una visa U, la solicitud de la víctima debe estar certificada por una agencia del orden público. Al igual que los destinatarios de visas T (ver arriba), un solicitante de una visa U también debe estar de acuerdo en ayudar a investigar y procesar a las personas que cometen ciertos delitos, como secuestro, agresión sexual y tortura.

Sin embargo, para calificar para una tarjeta de residencia, el solicitante deberá cumplir con otros requisitos de elegibilidad, incluidos los siguientes ejemplos:

- o Deben haber vivido físicamente en los Estados Unidos durante al menos tres años desde que recibieron una visa U.

- o Tienen qué no haber salido de los Estados Unidos desde el momento en que solicitó una tarjeta de residencia hasta que el USCIS ha aprobado (o rechazado) su aplicación.

- o Tienen qué no haberse negado a ayudar a investigar o enjuiciar determinados delitos desde el momento en que recibieron una visa U hasta que USCIS aprueba (o niega) su solicitud de residencia.

Los hijos, padres, hermanos y cónyuge de la víctima también serán elegibles para solicitar sus propias tarjetas de residencia siempre que tanto esos familiares como la víctima cumplan con todos los requisitos.

4. **Para víctimas de abuso**

Las víctimas de violencia doméstica (agresión o crueldad extrema) pueden solicitar una tarjeta de residencia que les permitiría buscar alivio a través de la Ley de Violencia contra la Mujer (VAWA). Si bien esta ley fue creada para beneficiar a las mujeres, se aplica tanto a mujeres como a hombres, y tanto a padres como a hijos, que son víctimas de abuso. Una víctima de abuso puede solicitar una tarjeta de residencia por su cuenta, sin el conocimiento o el permiso de su pariente abusivo, que puede incluir:

- o Un cónyuge actual o anterior que sea ciudadano estadounidense o titular de una tarjeta de residencia.

- o Un padre que es ciudadano estadounidense o titular de una tarjeta de residencia.

- o Un niño que es ciudadano estadounidense.

- o USCIS no notificará al familiar abusivo de la solicitud para mantener a la víctima segura. (Los requisitos completos de elegibilidad se detallan en el sitio web de USCIS).

Tarjeta de residencia por lotería de diversidad

Según la "lotería de tarjetas verdes" de EE. UU. (oficialmente conocida como el " Programa de Lotería de visa de diversidad "), el gobierno de EE. UU. selecciona cada año al azar hasta 50,000 personas de un grupo de entradas que recibe de seis regiones geográficas, como África, Asia y Oceanía. Solo las personas de países que han tenido poca inmigración a los Estados Unidos en el pasado, por ejemplo, Argelia, Líbano y Eslovaquia, pueden ingresar a la lotería. La mayoría de los solicitantes de lotería viven en sus países de origen en el momento en que emiten sus entradas, pero algunos ya viven en los Estados Unidos con un tipo diferente de estatus migratorio.

Tarjeta de residencia para residentes de larga data

Las personas que han vivido físicamente en los Estados Unidos, de manera legal o ilegal (es decir, eran "indocumentados") desde el 1 de enero de 1972, pueden solicitar una tarjeta de residencia a través de un proceso especial llamado "registro". Para calificar para una tarjeta de residencia a través del registro, la persona debe cumplir con todos los siguientes criterios:

- Entraron a los Estados Unidos antes del 1 de enero de 1972, lo que tendrían que demostrar proporcionando un registro de viaje I-94 (llamado oficialmente "Formulario I-94 Registro de llegada / salida").

- Haber no salido de los Estados Unidos desde su llegada.

- Tener "buen carácter moral", lo que significa que no han cometido ciertos tipos de delitos, como fraude, prostitución o asesinato (ver más información sobre "Buen carácter moral ").

- Son elegibles para la ciudadanía estadounidense a través de la naturalización.

- No haber cometido crímenes que los harían "deportable" (capaz de ser enviado de vuelta a su país de origen). Ejemplos de tales violaciones incluyen abuso de drogas, contrabando y fraude matrimonial (casarse con un ciudadano estadounidense o titular de una tarjeta de residencia para obtener una tarjeta de residencia basada en el matrimonio).

- No haber cometido crímenes que los harían "inadmisible" (lo que significa que no pueden recibir una tarjeta de residencia). Ejemplos de tales violaciones incluyen ingresar ilegalmente a los Estados Unidos y permanecer más de seis meses en los Estados Unidos con una visa vencida.

Otras tarjetas de residencia

El gobierno de los Estados Unidos emite muchos otros tipos de tarjetas de residencia además de las mencionadas anteriormente. Algunas de estas incluyen tarjetas de residencia para "inmigrantes especiales", incluidos profesionales de los medios de comunicación, trabajadores religiosos, ciudadanos de Afganistán e Irak que han servido al gobierno de Estados Unidos bajo ciertas capacidades y otros tipos de trabajadores que han trabajado en una organización internacional. Otros incluyen tarjetas de residencia para ciudadanos cubanos e indígenas estadounidenses nacidos en Canadá. USCIS proporciona una lista de estos otros tipos de tarjeta de residencia y sus requisitos de elegibilidad.

Capítulo 3

Formulario N-400

Formularios que necesita para tramitar la Ciudadanía por Naturalización:

- Si es mayor de 18 años utilice la "solicitud de Naturalización" (Formulario N-400) para introducir la petición.

- Si adquirió la ciudadanía a través de sus padres cuando aún era menor de 18 años, utilice la "solicitud de certificado de ciudadanía" (Formulario N-600) para documentar su naturalización.

- Si es hijo adoptado y adquirió la ciudadanía de sus padres, use la "solicitud de certificado de ciudadanía para su hijo adoptado" (Formulario N-643).

¿Qué es el Formulario N-400?

El Formulario N-400 (llamado oficialmente "Solicitud de Naturalización") es un formulario del gobierno utilizado por los titulares de la tarjeta de residencia que están listos para solicitar la ciudadanía estadounidense después de cumplir con ciertos requisitos de elegibilidad. Presentar este Formulario ante el Servicio de Ciudadanía e Inmigración de EE. UU. (USCIS), que es parte del Departamento de Seguridad Nacional de EE. UU. (DHS), es el primer paso de la

"Naturalización", el proceso de convertirse en ciudadano estadounidense. En esta Guía, analizaremos quien puede y quien no puede usar el Formulario N-400, las instrucciones de presentación, los documentos requeridos y consejos para completar su solicitud de ciudadanía estadounidense.

¿De qué manera solicito la Ciudadanía mediante el Formulario N-400?

Debe completar correctamente el Formulario N-400 y adjuntar todos los documentos requeridos. Esto incluye documentos que ayudarán al USCIS a decidir si usted tiene buena reputación moral, como antecedentes penales y registros fiscales.

Luego de que usted presente su solicitud, el USCIS le enviará una carta con la fecha y el lugar en los que usted deberá asistir para la toma de sus datos biométricos. Deberá traer la carta de notificación, la tarjeta de residencia y otra forma de identificación. El USCIS también le notificará la hora y el lugar para una entrevista. La entrevista incluye un examen de su capacidad para leer, escribir y hablar en inglés. También se le harán diez preguntas sobre educación cívica de EE. UU. La persona que desapruebe cualquier parte del examen deberá realizar nuevamente esa parte entre 60 y 90 días después.

Las personas que no puedan realizar el examen de inglés o de educación cívica debido a discapacidades mentales o físicas pueden solicitar una exención mediante la presentación del Formulario N-648: Certificado Médico para Excepciones por Discapacidad (un médico debe completarlo y firmarlo).

Existen dos formas de presentar el Formulario N-400:

1. Presentación del Formulario En Línea

- Cree una cuenta de USCIS en línea.

- Presente evidencia y pague las tarifas de manera electrónica.

- Reciba actualizaciones de su caso y vea el historial completo de su caso.

- Comuníquese con nosotros de manera segura y directa.

- Responda las solicitudes de evidencia.

Si usted ya tiene una cuenta de USCIS en línea, simplemente inicie una sesión para comenzar el proceso de presentación en línea.

2. Presentación del Formulario en Papel

- Leer las instrucciones del Formulario N-400, Solicitud de Naturalización.

- Completar y firmar su Formulario N-400.

- Pagar las tarifas de presentación, si corresponde.

- Proporcione toda la evidencia y documentación de apoyo requeridas.

Después que usted presente su formulario usted recibirá una notificación que confirme que recibieron su petición, recibirá también una notificación de servicio biométrico si corresponde, una notificación parar que se presente a la entrevista, luego la última notificación y la más importante que es si fue aprobada o no tu solicitud.

Quien no debe presentar el FormularioN-400

- Los que no cumplen con los requisitos de elegibilidad para la naturalización.

- Los que han adquirido la ciudadanía estadounidense o la han recibido por derivación de uno o ambos padres.

Presentación del Formulario N-400

1. Debe estar firmada y presentar de manera apropiada USCIS no aceptara ninguna solicitud con sellos o escrita a máquina en lugar de una firma manuscrita, puede estar firmado por un tutor lega en caso de presentar discapacidad mental.

2. Cada solicitud debe estar acompañada de la tarifa de presentación y la tarifa de servicio biométrico si corresponde.

3. Debe enviar toda la evidencia inicial requerida junto a toda la documentación de apoyo.

4. Debe enviar fotocopias legibles de los documentos requeridos, a menos que las instrucciones indiquen específicamente que usted debe presentar un documento original. USCIS puede solicitar que presente un documento original al momento de presentar su solicitud o en cualquier momento durante el procesamiento de su solicitud o petición.

Si USCIS le solicita un documento original, se lo devolverá después que determine que ya no necesita el original.

AVISO: Si usted presenta documentos originales sin habérseles requerido, sus documentos originales podrían ser destruidos inmediatamente cuando sean recibidos.

1. Si presenta un documento en un idioma extranjero debe presentar una traducción completa en inglés, el traductor debe certificar que la tradición en ingles esta completa y exacta.

2. Escriba en letra legible, en **tinta negra**.

3. S necesita más espacio para completar cualquier casilla de esta solicitud utilice y adjunte una hoja de papel adicional y escriba a máquina o a mano en la parte superior de cada hoja de papel su nombre, Número de Registro de Extranjero (Número A) si lo tiene, e indique el Número de Parte, y Número de casilla al que se refiere su respuesta.

4. Conteste todas las preguntas de manera completa y precisa. Si una pregunta no le aplica a usted (como, por ejemplo, si nunca ha estado casado y la pregunta dice "Proporcione el nombre de su cónyuge actual"), escriba a máquina o a manuscrito "N/A". Si la contestación a una pegunta que le requiera una respuesta numérica es 'cero' o 'ninguno' (como, por ejemplo, "Cuántos hijos tiene usted" o "Cuántas veces ha salido de los Estados Unidos") escriba a máquina o manuscrito "None" (Ninguno).

5. Evite resaltar, tachar, o escribir fuera del espacio provisto para su respuesta. Si tiene que hacer correcciones sustanciales a su Formulario N-400, le recomendamos empezar un nuevo Formulario N-400. Los escáneres de USCIS pueden ver a través de la cinta o líquido corrector blanco. Esto puede influir a que

los sistemas de USCIS capturen información incorrecta, lo que puede causar retrasos en el procesamiento o el rechazo (denegación) de su Formulario N-400.

6. Escriba su Número A ("A-Number") en la esquina superior derecha de cada página. Su Número A se encuentra en su Tarjeta de Residente Permanente. El Número A de su tarjeta consta de siete a nueve dígitos, según el momento cuando se creó el registro. Si el Número A de su tarjeta tiene menos de nueve dígitos, escriba suficientes ceros antes del primer dígito para crear un total de nueve dígitos en el Formulario N-400. Por ejemplo, escriba el número A 1234567 como A001234567 o escriba el número A12345678 como A012345678.

7. Su solicitud debe estar debidamente completada, firmada y presentada. Cuando presente el Formulario N-400 debe incluir todas las páginas aún si las páginas están en blanco. El USCIS aceptara una fotocopia de la solicitud siempre y cuando las firmas en la solicitud estén a manuscrito y en original.

8. Puede presentar su solicitud hasta 90 días antes de que cumpla por primera vez el período requerido de 5 años de residencia continua como Residente Permanente Legal (LPR, por sus siglas en inglés). Un solicitante que presente la solicitud como cónyuge de un ciudadano de EE.UU. en virtud de la sección 319(a) de la INA puede presentar su solicitud hasta 90 días antes de alcanzar el período de 3 años de residencia continua como LPR. Aun cuando un solicitante puede presentar su solicitud tempranamente de acuerdo con la disposición de la presentación temprana de 90 días, no es elegible para la

naturalización hasta que alcance el período requerido de 3 o 5 años de residencia continua como LPR. Los solicitantes que presenten la solicitud hasta 90 días antes de cumplir con la exigencia de residencia continua aún deben cumplir con todos los otros requisitos para la naturalización en el momento de la presentación del Formulario N-400.

El Formulario N-400 consta de 18 partes

Parte 1. Información acerca de su elegibilidad.

Marque la casilla que le corresponda. Marque sólo una casilla. Si selecciona más de una casilla, su Formulario N-400 se puede retrasar.

AVISO: Si usted es un residente permanente legal de los Estados Unidos, y es el cónyuge de un ciudadano estadounidense, y su cónyuge ciudadano estadounidense trabaja regularmente en un empleo en el extranjero (Sección 319(b) de INA), y usted está autorizado para acompañar y residir con su cónyuge en el extranjero, entonces usted no cualifica para naturalizarse en el extranjero y debe estar presente en Estados Unidos al momento de la entrevista y la naturalización. Por tanto, escriba el nombre de la Oficina Local de USCIS donde usted desea que se lleve a cabo su entrevista de naturalización.

Parte 2. Información acerca de la persona que solicita la naturalización.

Nombre legal actual. Su nombre legal actual es el nombre que figura en su certificado de nacimiento a menos que haya sido cambiado después de su nacimiento por una acción legal tal como un matrimonio o una orden judicial. No proporcione un apodo.

Escriba su nombre exactamente como aparece en su Tarjeta de Residente Permanente, incluso si está mal escrito. Escriba "N/A" si no tiene una Tarjeta de Residente Permanente.

AVISO: USCIS no puede procesar las solicitudes de cambio de nombre de los miembros de las fuerzas armadas o sus cónyuges que se naturalizan en el extranjero.

Provea su Número de Seguro Social de EE.UU. Escriba "N/A" si no tiene uno.

Número de Cuenta de USCIS en Línea (si alguno). Si usted ha presentado anteriormente una solicitud o petición a través del sistema de presentación en línea de USCIS (anteriormente conocido como Sistema Electrónico de Inmigración de USCIS (USCIS ELIS)), proporcione el Número de Cuenta de USCIS en Línea que le otorgó el sistema. Puede encontrar este número al ingresar a su cuenta y acceder a la página de su perfil. Si anteriormente presentó algunas solicitudes o peticiones en formularios impresos a través de una Localidad Segura (Lockbox) de USCIS, debe haber recibido una Notificación de Acceso de Cuenta de USCIS en Línea en la que se le indica su Número de Cuenta de USCIS en Línea. Si recibió esa notificación, encontrará el Número de Cuenta de USCIS en Línea en la parte superior de la notificación. Si tiene un Número de Cuenta de USCIS En Línea, escríbalo en el espacio que se le proporciona para esto. El Número de Cuenta de USCIS En Línea no es lo mismo que el Número A.

Indique si usted es hombre o mujer.

Utilice siempre ocho números para escribir su fecha de nacimiento. Escriba la fecha en este orden: mes, día, año. Por ejemplo, escriba 3 de abril de 1990 como 03/04/1990. USCIS rechazará el Formulario N-400 si no provee su fecha de nacimiento.

Provea la fecha oficial cuando empezó su residencia permanente tal como se muestra en su Tarjeta de Residente Permanente (antes conocida como Tarjeta de Registro de Extranjero). Provea la fecha en este orden: mes, día, año. Por ejemplo, escriba 10 de abril de 1995 como 10/04/1995. USCIS puede rechazar su solicitud si no provee la fecha en la que se convirtió en Residente.

AVISO: Necesita tanto el Número A ("A-Number") de USCIS como la fecha de residente permanente para presentar el Formulario N-400. Si no posee esta información, debe programar una cita de InfoPass para obtenerla antes de presentar su Formulario N-400.

Escriba el nombre del país según constaba al momento de su nacimiento, incluso si el país ya ha cambiado de nombre.

Escriba el nombre del país de donde es ciudadano o nacional actualmente. Si el país ya no existe, escriba el nombre actual del país bajo la actual autoridad.

1. Si es apátrida, escriba el nombre del país en el cual tuvo su última ciudadanía o nacionalidad.

2. Si es ciudadano o nacional de más de un país, escriba el nombre del país extranjero que emitió su último pasaporte.

¿Tiene usted una discapacidad física, de desarrollo o mental que no le permita demostrar su conocimiento o entendimiento del idioma inglés y/o los requisitos de educación cívica para la naturalización?

Seleccione "Yes" ("Sí") si solicita una exención a la porción del examen de inglés y/o educación cívica debido a una discapacidad física, de desarrollo o mental que no le permite cumplir con los requisitos del examen de inglés y/o educación cívica para la naturalización. Envíe el Formulario N-648, Certificación Médica para Exenciones por Discapacidad, como anejo de su Formulario N-400.

AVISO: Presentar un Formulario N-648 no garantiza que se le eximirá de cumplir con los requisitos de tomar los exámenes.

Puede que por razones de edad y el tiempo que usted lleva como residente permanente legal, usted no tenga que tomar el examen de inglés.

Parte 3. Acomodos para Personas con Discapacidades y/o Impedimentos.

USCIS está comprometido a proveerles acomodos razonables a las personas cualificadas que tengan discapacidades o impedimentos, para que puedan participar plenamente en los programas y beneficios de USCIS.

1. Si usted es sordo o tiene dificultades auditivas, USCIS puede proveerle un intérprete de lenguaje de señas durante una entrevista.

2. Si usted es ciego o tiene poca visión, USCIS puede permitirle tomar el examen de manera oral en lugar de escrita.

3. Si usted no puede trasladarse a la localidad de USCIS designada para una entrevista, un funcionario de USCIS puede visitarlo en su casa u hospital para hacerle la entrevista de naturalización.

Si usted cree que necesita que USCIS haga arreglos por motivos de su discapacidad y/o impedimento, marque la casilla "Yes" ("Sí") y luego marque la casilla de los Ítems A. al C. del Ítem Número 1. que describa la naturaleza de su(s) discapacidad(es) y/o impedimento(s). Asimismo, deberá describir el (los) tipo(s) de arreglo(s) que solicita en la(s) línea(s) proporcionada(s). Si usted solicita un intérprete de lenguaje de señas, indique el idioma (por ejemplo, lenguaje de señas americano) que necesita. Si necesita más espacio para proveer información adicional, use una hoja de papel adicional.

AVISO: Todas las instalaciones de USCIS en los Estados Unidos cumplen con las Guías de Accesibilidad de la Ley para Personas con Discapacidades, por lo que no es necesario que contacte a USCIS para solicitar arreglos para acceso físico a una oficina USCIS en los Estados Unidos. Sin embargo, en la Parte 3, Ítem C del Ítem Número 1. del formulario, puede indicar si utiliza una silla de ruedas. Esto permitirá que USCIS se prepare mejor para su visita.

AVISO: También USCIS asegura que se le conceda a las personas con dominio limitado de inglés (LEP, por sus siglas en inglés) acceso significativo a una entrevista u otra cita relacionada a beneficios de inmigración, a menos que esté prohibido por ley. Las personas con dominio limitado de inglés pueden traer a un intérprete cualificado a la entrevista.

USCIS considera las solicitudes de acomodos razonables caso por caso y hará sus mejores esfuerzos para proveer acomodo para sus discapacidades o impedimentos. USCIS no lo excluirá de participar en los programas o denegará su solicitud debido a una discapacidad y/o impedimento. Solicitar y/o recibir un acomodo no afectará su elegibilidad a los beneficios de USCIS.

Parte 4. Información de contacto.

Provea su número de teléfono actual, así como la dirección de correo electrónico vigente.

Parte 5. Información Acerca de su Residencia.

Liste todas las direcciones en las que ha vivido durante los últimos 5 años (incluso de otros países) previos a presentar su Formulario N-400. Comience por su residencia actual y luego incluya las fechas cuando vivía en cada lugar en formato mes, día, año (mm/dd/aaaa).

Provea su dirección postal si es diferente a su dirección residencial actual. Provea la información sobre "correspondencia al cuidado de" (In Care Of Name), si corresponde.

Si no tiene un estado o provincia, escriba nuevamente el nombre de su ciudad en esta casilla. Si no tiene un ZIP o código postal, escriba "00000" en la casilla del código postal.

AVISO: Podría ser que USCIS no pueda contactarle si usted no provee una dirección postal completa y válida. Si USCIS rechaza su Formulario N-400, puede que no sea capaz de regresarle la tarifa de presentación del Formulario N-400 si usted no provee una dirección postal completa y válida.

Si reside fuera de los Estados Unidos y presenta su solicitud en virtud de la sección 319(b) de INA y desea que USCIS tome sus datos biométricos en Estados Unidos, debe proveer una dirección en este país. USCIS le enviará una carta a su dirección postal en los Estados Unidos en la que se le notificará cuándo y dónde ir para su cita de servicios biométricos.

Si usted es víctima de violencia doméstica, no tiene que divulgar la dirección confidencial del albergue o casa protegida. Si usted reside en un albergue o casa protegida al momento de presentar esta solicitud o no se siente seguro proporcionando su dirección actual, puede proporcionar una "dirección segura" en la que pueda recibir correspondencia.

No proporcione una dirección de casilla postal (Post Office Box Number) a menos que esta sea su única dirección. Si actualmente usted no reside en un albergue o casa protegida, pero residió en uno durante parte del periodo del cual brinda la información, puede proveer solo el nombre de la ciudad y el estado de residencia de este. Si necesitamos información adicional, puede proveerla durante la entrevista.

Parte 6. Información Acerca de sus Padres

Si ninguno de sus padres es un ciudadano estadounidense, omita esta parte y vaya a la Parte 7.

Ciudadanía de los padres. Marque "No" si su madre o padre no es un ciudadano estadounidense y siga al próximo número, según indica el formulario.

Si alguno de sus padres o ambos padres son ciudadanos estadounidenses, seleccione "Yes" ("Sí").

Parte 7. Información Biográfica

Proporcione la información biográfica que se le solicita en la Parte 7., Proporcionar esta información como parte de esta solicitud puede reducir el tiempo que usted tenga que pasar en su cita en el ASC de USCIS.

Grupo étnico y raza. Seleccione las casillas que mejor describan su grupo étnico y raza.

Categorías y definiciones del grupo étnico y raza

1. Hispano o latino. Una persona de origen cubano, mexicano, puertorriqueño, suramericano y centroamericano, o de otra cultura u origen hispano, independientemente de la raza.

(Aviso: Esta categoría sólo se incluye bajo Etnicidad ("Ethnicity") en la Parte 7., Ítem Número 1.).

2. Blanco. Una persona que tiene sus orígenes en cualquiera de los pueblos originales de Europa, Oriente Medio o el Norte de África.

3. Asiático. Una persona con orígenes en cualquiera de los pueblos originales del Lejano Oriente, el Sudeste Asiático o el subcontinente indio, por ejemplo, Camboya, China, India, Japón, Corea, Malasia, Pakistán, Islas Filipinas, Tailandia y Vietnam.

4. Negro o afroamericano. Una persona con orígenes en cualquiera de los grupos raciales negros de África.

5. Indígenas americanos o nativos de Alaska. Una persona con orígenes en cualquiera de los pueblos originales de América del Norte y del Sur (incluida América Central), y que mantiene afiliación tribal o nexos con la comunidad.

6. Nativos de Hawái o de otras islas del Pacífico. Una persona que tiene sus orígenes en cualquiera de los pueblos originales de Hawái, Guam, Samoa u otras islas del Pacífico.

Estatura. Seleccione los valores que mejor describen su estatura en pies y pulgadas. Por ejemplo, si usted mide cinco pies con nueve pulgadas, seleccione "5" para los pies y "09" para las pulgadas. No escriba su estatura en metros o centímetros. Si lo hace, podría retrasar el trámite de su Formulario N-400.

Peso. Escriba su peso en libras. Si no conoce su peso, o tiene que escribir un peso menor de 30 libras o mayor de 699 libras, escriba "000". No escriba su peso en kilogramos.

Color de ojos. Seleccione la casilla que mejor describa su color de ojos.

Color de cabello. Seleccione la casilla que mejor describa su color de cabello.

Parte 8. Información Acerca de su Empleo y Escuelas a las que Asistió

Liste los lugares donde ha trabajado o asistido a la escuela a tiempo completo o parcial durante los últimos 5 años. Provea información del periodo completo. Incluya todos los servicios militares, de policía y/o de inteligencia.

Primero provea información sobre su empleo actual y más reciente, sus estudios o, si es el caso, desempleo. Mencione los lugares y fechas donde ha trabajado, si ha sido trabajador autónomo (por cuenta propia), cuándo ha estado desempleado o ha estudiado durante los últimos 5 años. Si trabajó por cuenta propia, escriba "self-employed" ("por cuenta propia"). Si estuvo desempleado, escriba "unemployed" ("desempleado").

Parte 9. Tiempo fuera de los Estados Unidos

Informe el número total de días (24 horas o más) que pasó fuera de los Estados Unidos durante los últimos 5 años.

Provea el número total de viajes (24 horas o más) que ha hecho fuera de los Estados Unidos durante los últimos 5 años.

Provea información sobre cada viaje (24 horas o más) que ha realizado fuera de los Estados Unidos durante los últimos 5 años.

Comience con su viaje más reciente, y luego los subsiguientes.

Parte 10. Información Acerca de su Historial de Estado Civil

Indique su estado civil a la fecha en que presenta su Formulario N-400. Si usted está soltero y nunca se ha casado, pase a la Parte 11. Información sobre sus Hijos.

Si usted está casado, indique si su cónyuge es un miembro actual de las Fuerzas Armadas de los Estados Unidos

Escriba el número de veces que ha estado casado. Si estuvo casado con la misma persona más de una vez, cuente cada vez como un matrimonio por separado.

Marque el encasillado para indicar si su cónyuge actual es ciudadano de EE.UU.

Si su cónyuge actual es ciudadano de EE.UU. a través de la naturalización (después de nacimiento), marque el encasillado que indica cuándo su cónyuge se convirtió en un ciudadano de EE.UU. y provea la fecha de su naturalización.

Provea la información solicitada si su cónyuge no es un ciudadano de EE.UU.

Si su cónyuge actual estuvo casado anteriormente, provea la siguiente información acerca de los matrimonios anteriores de su cónyuge actual, incluso el nombre legal del cónyuge anterior de su cónyuge actual, estatus migratorio (si lo conoce), fecha de nacimiento, país de nacimiento, país de ciudadanía o nacionalidad, fecha del matrimonio con el cónyuge anterior, fecha en que culminó el matrimonio con el cónyuge anterior, y cómo terminó el matrimonio con el cónyuge anterior. Si su cónyuge actual ha tenido más de un matrimonio anterior, utilice una hoja de papel adicional para proveer la información. Si su cónyuge estuvo casado con la misma persona más de una vez, provea la información solicitada sobre cada matrimonio por separado.

Parte 11. Información Acerca de sus Hijos

Indique el número total de hijos. Cuente todos sus hijos, independientemente de si están vivos, desaparecidos o fallecidos, si nacieron en otros países o en los Estados Unidos; si son menores o mayores de 18 años, si son casados o solteros, si viven con usted o en cualquier otro lugar, si son sus hijastros actuales, si son hijos adoptados legalmente o si son hijos nacidos cuando usted no estaba casado.

Provea información sobre todos sus hijos independientemente de la edad. Adjunte una hoja(s) de papel adicional para proveer la información solicitada, si así lo necesita. Provea la siguiente información por cada hijo, incluido el nombre legal actual de su hijo(a), el Número A ("A-Number") (si corresponde), fecha de nacimiento, país de nacimiento (escriba el nombre del país al momento del nacimiento de su hijo(a), incluso si el nombre del país ha cambiado), relación con usted (por ejemplo, si es su hijo biológico, hijastro, o hijo adoptado de manera legal) y dirección actual.

1. Si su hijo(a) vive con usted, escriba "Child residing with me" ("Hijo que reside conmigo") en el espacio correspondiente a la dirección del hijo(a);

2. Si su hijo(a) no vive con usted, escriba la dirección donde reside su hijo(a); o

3. Si su hijo(a) está desaparecido(a) o ha fallecido, se debe escribir "Child Missing" ("Hijo desaparecido") o "Child Deceased" ("Hijo fallecido") en el espacio provisto para la dirección.

Parte 12. Información Adicional Acerca de Usted (persona que solicita la naturalización)

Responda a cada pregunta marcando "Yes" ("Sí") o "No", según corresponda. Si cualquier parte de una pregunta se aplica a usted o alguna vez ha aplicado a usted, debe contestar "Yes" ("Sí"). Si la respuesta es "Sí" ("Yes") a cualquiera de las preguntas de los Ítems Número 1. – 44. de esta parte, incluya una explicación por escrito en una hoja de papel adicional. También puede proveer pruebas para apoyar sus respuestas. Si contesta "No" a cualquier pregunta de los Ítems Número 45. – 50., Incluya una explicación escrita en una hoja de papel adicional. Responder "Sí" o "No" a estas preguntas no resultará en que se deniegue automáticamente una solicitud.

Parte 13. Declaración, Certificación y Firma del Solicitante

Seleccione la casilla apropiada para indicar si usted mismo leyó esta solicitud o si algún intérprete le ayudó. Si alguien le ayudó a completar esta solicitud, seleccione la casilla que indica que usted utilizó un preparador. Además, usted debe firmar y fechar su solicitud. Cada solicitud DEBE tener la firma del solicitante (o padre o tutor legal, si corresponde). Un sello con el nombre o escrito a máquina en lugar de una firma no será aceptable. Puede colocar una marca "X" en lugar de la firma si no puede escribir en ningún idioma. USCIS rechazará el Formulario N-400 si no está firmado.

Parte 14. Información de Contacto, Certificación y Firma del Intérprete

Si usted utilizó un intérprete para leerle las instrucciones y las preguntas de este formulario en el idioma que usted domina, el intérprete debe llenar esta sección, proveer su nombre, el nombre y la dirección de su empresa u organización, su teléfono de contacto diurno, su número de teléfono móvil y su dirección de correo electrónico. El intérprete debe firmar y fechar la solicitud.

Parte 15. Información de Contacto, Declaración y Firma de la Persona que Prepara esta Solicitud, si No es el Solicitante

Esta sección debe tener la firma de la persona que completó su solicitud, si no fue el solicitante. Si la misma persona fue el intérprete y el preparador, esa persona debe llenar tanto la Parte 14. como la Parte 15. Si la persona que completó esta solicitud está asociada a una empresa u organización, tiene que llenar la información relacionada al nombre y dirección de la empresa u organización. Cualquier persona que le haya ayudado a completar esta solicitud TIENE que firmar y fechar la solicitud. Un sello con el nombre o el nombre escrito a maquinilla en lugar de una firma no será aceptable. Si la persona que le ayudó a preparar su formulario es un abogado o un representante acreditado cuya representación cubre más allá de la preparación de la solicitud, esa persona está obligada a presentar un Formulario G-28, Notificación de Comparecencia como Abogado o Representante Acreditado, junto con su solicitud.

USCIS rechazará su Formulario N-400 si no está firmado por el preparador que usted utilizó para responder las preguntas en la solicitud.

Parte 16. Firma al Momento de la Entrevista

No complete esta parte. El oficial de USCIS le pedirá que complete esta parte al momento de su entrevista.

Parte 17. Renuncia a Títulos Extranjeros

No complete esta parte hasta que un oficial de USCIS se lo indique al momento de la entrevista.

La mayoría de las personas no tienen un título hereditario o una orden de nobleza extranjera. Esta parte le aplicará sólo si respondió "Sí" a la Parte 12. Si tiene un título hereditario o una orden de nobleza, la ley requiere que usted renuncie a este título como parte de su juramento de lealtad para convertirse en un ciudadano de EE.UU. En la Parte 17., debe afirmar que está dispuesto a hacerlo.

Parte 18. Juramento de Lealtad

No complete esta parte. El oficial de USCIS le pedirá que complete esta parte al momento de su entrevista.

Si USCIS aprueba su solicitud, deberá realizar el Juramento de Lealtad para convertirse en ciudadano americano. En caso determinado puede realizar un juramento modificado, no se exonera del juramento a menos que tenga alguna discapacidad física o de desarrollo o impedimento mental.

Si USCIS aprueba su Formulario N-400 para la naturalización, deberá asistir a una ceremonia de juramentación y prestar el Juramento de Lealtad a los Estados Unidos.

Documentación que debe presentar con el Formulario N-400

- Fotografías. Solo los solicitantes que residen en el extranjero deben proveer dos fotografías idénticas a color tomadas recientemente.

- Copia de la tarjeta de residencia permanente, del dorso y de frente.

- Copia del documento de su actual estado civil.

- Documentos para militares o cónyuge de militares:

  o **Formulario N-426.** (Solicitud de Certificación de Servicio Militar o Naval). Si es un miembro activo de las Fuerzas Armadas de EE.UU., proporcione un Formulario N-426 completado y certificado. Si se ha separado del servicio militar, provea un Formulario N-426 sin certificar.

  o **Evidencia de servicio militar.** Si alguna vez sirvió en las Fuerzas Armadas de EE.UU. provea una Certificación de Separación o Retiro del Servicio Activo, Formulario DD 214, por todos los periodos de servicio. Si actualmente sirve en estatus activo dentro de los Estados Unidos o en el extranjero, debe presentar una copia de sus órdenes militares oficiales.

o **Los cónyuges de militares tienen requisitos adicionales.**

Documentos que debe llevar a la entrevista sobre el Formulario N-400

- Tarjeta de residente permanente.

- Identificación emitida por el estado, como una licencia de conducir.

- Pasaporte.

- Evidencia de su estado civil legal, original de acta de matrimonio, divorció o acta de defunción.

- Evidencia de la finalización de los matrimonios anteriores de su conyugue, documentos originales.

- Si se realizó cambió de nombre traiga documentos oficiales.

- Otros documentos. Según las circunstancias, usted debe traer ciertos documentos a su entrevista. También puede presentar copias de estos documentos junto con su solicitud.

Tarifa para presentar el Formulario N-400

USCIS (el gobierno) cobra una tarifa para presentar su solicitud de ciudadanía.

Para la mayoría de las personas, la tarifa es de $725.

Esto incluye, tarifa del Formulario N-400 de $640, y el pago de servicio biométricos de $85.

Excepción del servicio:

- Si Presenta su solicitud bajo las disposiciones militares, Sección 328 o 329 de INA.

- Si tiene 75 años o más.

El USCIS rechazará su Formulario N-400 si realiza un pago mayor o inferior a lo que debe pagar, si utiliza un método de pago incorrecto, si esto sucediera se le devolverá el pago realizado con el formulario. NO envié dinero en efectivo.

Utilice las siguientes reglas generales al pagar la tarifa de su solicitud:

1. Pagar por cada solicitud mediante un solo método de pago (cheque, giro o tarjeta de crédito) y no una combinación de métodos.

2. Utilizar el mismo método de pago para todas las solicitudes que enviará juntas por correo.

Pagos con Cheques o Giros

Utilice las siguientes reglas generales al preparar su cheque o giro para pagar por la tarifa de presentación del Formulario N-400 y la tarifa de servicios biométricos:

Los cheques bancarios deben ser de instituciones financieras de los Estados Unidos, y pagadas en dólar estadounidense, emitidos a nombre de "U.S. Department of Homeland Security". Si usted realizara el pago desde fuera de los estados unidos comuníquese con la embajada de Estado Unidos desde el país que realizara el trámite.

Pagos con Tarjetas de Crédito

Utilice las siguientes reglas generales cuando llene su Formulario G-1450 para pagar las tarifas del Formulario N-400 con tarjeta de crédito:

Complete las tres secciones de la autorización y firme su autorización, si no proporciona la información requerida USCIS y su institución financiera no acepten el pago porque no se puede procesar una operación de tarjeta de crédito sin firma autorizada.

Coloque su Formulario G-1450 SOBRE su Formulario N-400.

Como saber si usted es elegible para una reducción o exención de tarifa:

Debe proporcionar documentos donde den veracidad de que usted su conyugue no ganan lo suficiente, este desempleado, o tienen ingresos por debajo de 150 por ciento de la Guía Federal de Pobreza en el momento que presenta la solicitud.

Para solicitar una reducción de tarifa de la solicitud del formulario N-400 debe completar el Formulario I-942, Si usted cualifica para una tarifa reducida, aún tiene que pagar la tarifa total de servicios biométricos junto a la tarifa reducida.

Para solicitar una exención de tarifa debe completar el Formulario I-912, Petición de Exención de Tarifa.

Si usted no provee información suficiente y los documentos de apoyo para sustentar su petición, ocurrirá una demora considerable en el procesamiento de su petición. Por favor, lea con cuidado las instrucciones del formulario para evitar errores comunes.

Firme su petición de exención de tarifa. Cada persona que solicita una exención de tarifa debe firmar la petición de exención de tarifas. Si usted es menor de 14 años, su padre o tutor legal puede firmar la petición. Un tutor legal también puede firmar a nombre de una persona que tiene una discapacidad física o mental.

Envíe su petición de exención de tarifas junto con la petición o solicitud para la cual usted solicita que se le exima la tarifa. No envíe la petición de exención de tarifas por separado.

Capítulo 4

---◆◇◆---

Preparación para la Entrevista

La entrevista de Ciudadanía es la etapa del proceso para convertirse en ciudadano de los EE.UU. cuando el gobierno de los EE. UU. determina su elegibilidad para convertirse en estadounidense, basándose en toda la información y documentación que ha proporcionado hasta este momento.

Durante la entrevista, un funcionario del Servicio de Ciudadanía e Inmigración de EE. UU. (USCIS) le hará preguntas sobre su solicitud de naturalización (Formulario N-400), así como preguntas que debe estudiar para el examen de ciudadanía que se lleva a cabo el mismo día.

Si está nervioso por este paso, ¡no lo esté! Siempre que cumpla con los requisitos para la naturalización y se prepare adecuadamente para la entrevista, estará en buena forma.

En esta guía, aprenderá qué esperar antes, durante y después de la entrevista y como prepararse adecuadamente.

Antes de la entrevista

A. ¿Cuándo es la entrevista?

Después de completar el primer y segundo paso del proceso de naturalización solicitar y obtener datos biométricos, USCIS le enviará

---

un aviso de cita con la fecha y hora de su entrevista. Es importante llegar al menos 30 minutos antes para tener tiempo suficiente para completar el proceso de registro.

IMPORTANTE: USCIS puede reprogramar la entrevista si no puede asistir en la fecha original, siempre que proporcione suficiente aviso por escrito al USCIS de antemano. Sin embargo, tenga en cuenta que es probable que la reprogramación provoque un retraso de meses.

Si simplemente no se presenta a su entrevista y no se comunica con USCIS de antemano, cerrarán el procesamiento de su solicitud. Si eso sucede, deberá comunicarse con USCIS dentro de un año para que su solicitud se mueva nuevamente. De lo contrario, su solicitud será denegada automáticamente.

B. ¿Dónde tiene lugar la entrevista?

Su aviso de cita indicará a qué oficina local del USCI debe acudir para su entrevista. El código postal que proporcionó en la sección "dirección física actual" de su Formulario N-400 determina la oficina de campo de USCIS de cada solicitante.

IMPORTANTE: Cada vez que se mude a una nueva dirección, debe notificar a USCIS dentro de los 10 días posteriores a la reubicación enviando el Formulario AR-11 (llamado oficialmente "Tarjeta de Cambio de Dirección de Extranjero") o completando un formulario de cambio de dirección en línea. Actualizar su dirección ayuda a garantizar que no se pierda avisos importantes de USCIS, incluida su carta de cita.

C. ¿Cuánto durará la entrevista?

Una entrevista de ciudadanía típica dura unos 20 minutos, pero el período de tiempo exacto varía según el solicitante.

D. ¿Qué debería llevar?

Además del aviso de cita que recibió, deberá traer documentos de respaldo a su entrevista.

E. ¿Qué tipo de preguntas me harán?

Antes de la entrevista, el oficial de USCIS revisará su Formulario N-400 y su "A-File", que es básicamente una colección de registros que documentan su viaje de inmigración. Las preguntas de la entrevista se centrarán en el contenido de estos archivos, pero más en sus respuestas en el Formulario N-400 que en su A-File.

F. ¿Alguien puede acompañarme a mi entrevista?

Puede traer a un representante, un intérprete y / o un familiar o amigo con usted, dependiendo de las razones por las que necesita su apoyo durante la entrevista (vea más abajo para más detalles).

G. ¿Cómo debo vestirme?

USCIS no tiene requisitos formales para la vestimenta para entrevistas, y lo que elija usar para la ocasión ciertamente no afectará el resultado de su solicitud. Solo tenga en cuenta que se reunirá cara a cara con un oficial federal que tiene mucha discreción sobre el resultado de su solicitud, por lo que es mejor pecar de cauteloso y pensar en vestimenta casual.

Durante la entrevista

Cuando llegue a la oficina de campo de USCIS, ingresará a través de un control de seguridad y mostrará el aviso de cita para la entrevista, así como una identificación con foto. Luego esperará con otros solicitantes su turno para ser entrevistado. Una vez que se llame su nombre, un oficial de USCIS lo colocará bajo juramento y comenzará a hacer preguntas.

La entrevista también es la primera parte (la prueba oral) del componente de inglés del examen de ciudadanía. Esa parte de la prueba comienza tan pronto como saluda al oficial de USCIS, quien evaluará su capacidad para comunicarse verbalmente en inglés básico. (En algunos casos, diferentes oficiales de USCIS pueden realizar la entrevista y la prueba por separado).

Puede pedirle al oficial que repita o aclare las preguntas hasta que las comprenda. Al responder a las preguntas, tenga en cuenta que el oficial buscará dos cosas:

1. Coherencia entre sus respuestas verbales en la entrevista y sus respuestas escritas en el Formulario N-400.

2. Su capacidad para comprender el inglés básico (como parte de la prueba de habla inglesa).

Si sus respuestas en la entrevista no coinciden con las de su solicitud, el oficial puede cambiar la información en su solicitud para reflejar sus res-puestas verbales. Pero no se preocupe, los cambios no necesariamente contarán en su contra.

El oficial también puede optar por grabar la entrevista, pero usted o su representante (si tiene uno) pueden enviar una solicitud de la Ley de Libertad de Información (FOIA) para obtener una copia del registro. Las grabaciones se utilizan habitualmente con fines de capacitación en USCIS. También pueden servir como evidencia para respaldar la decisión del oficial de USCIS de rechazar una solicitud. ¡Pero no te pongas nervioso! Siempre que tenga un historial limpio y proporcione toda la información que USCIS necesita, no debe tener nada de qué preocuparse.

Después de la entrevista

Al final de la entrevista, recibirá un aviso con los resultados de su entrevista y examen de ciudadanía. Si USCIS tiene todo lo que necesita de usted, también pueden decidir sobre su solicitud de ciudadanía el mismo día. (Si tiene suerte, su ceremonia de juramento de lealtad también puede ocurrir en ese momento). De lo contrario, tendrán hasta 120 días después de su entrevista para tomar una decisión.

Puede esperar uno de los tres resultados de su solicitud: aprobación, denegación o continuación. Las aplicaciones suelen "continuar" cuando:

- USCIS necesita más información o documentación suya.
- No pasó la prueba de ciudadanía (o una parte de ella).

Si su aplicación continúa

El aviso de resultados que reciba al final de su entrevista indicará los próximos pasos. Por lo general, esto significa que USCIS le enviará una "Solicitud de evidencia" (RFE) oficial por la información o documentación faltante o poco clara, y / o programará una segunda entrevista para que se lleve a cabo entre 60 y 90 días a partir de la fecha de su primera entrevista. Durante esta segunda entrevista, el oficial de USCIS revisará cualquier nueva documentación o aclaración que haya enviado en respuesta a una RFE y / o lo volverá a examinar en cualquier parte del examen que no haya aprobado.

Otros consejos útiles que le ayudarán a triunfar

Mantenga un registro de los cambios. Asegúrese de anotar cualquier cam-bio que ocurra entre el momento en que presenta el Formulario N-400 y asiste a su entrevista (por ejemplo, si cambia de nombre o se enreda con la ley). USCIS hace estas preguntas de manera rutinaria para determinar si aún es elegible para la naturalización.

Sea completamente honesto. La honestidad es siempre la mejor política al interactuar con un oficial de USCIS sobre sus antecedentes. Si un oficial de USCIS descubre que usted mintió intencionalmente durante su entrevista, puede negar su solicitud o, peor aún, colocarlo en un proceso de deportación (deportación).

Desenterrar archivos antiguos. Los oficiales de USCIS también pueden hacer preguntas basadas en el contenido de su A-File, esencialmente, su historial de inmigración. Si ha realizado un seguimiento de su comunicación con USCIS desde antes de convertirse en titular de la tarjeta de residencia, asegúrese de revisar esas comunicaciones a fondo.

  o   Es probable que la mayoría de las personas no lleven un registro de dichos registros, en cuyo caso hay dos formas útiles de prepararse:

- Revise sus documentos de respaldo, especialmente los registros de la corte y la policía si alguna vez tuvo un encuentro con la policía.

- Solicite una copia de su A-File enviando una solicitud de FOIA, especialmente si ha tenido un historial largo y complicado con USCIS (por ejemplo, si alguna vez ha sido puesto en un proceso de deportación) o si otra agencia gubernamental ha ejecutado un Verificación de anteceden-tes sobre usted antes. Tenga en cuenta que una solicitud FOIA puede demorar de uno a cuatro meses, o más, en procesarse, según la complejidad de su solicitud.

¿Qué es un A-File?

Cada titular de la tarjeta de residencia en los Estados Unidos tiene lo que se llama un "A-File" (abreviatura de "Número de registro de extranjero"), básicamente una colección oficial de registros, que USCIS usa para rastrear el historial de inmigración del titular de la tarjeta de residencia. USCIS identifica su A-File usando su A-Number (abreviatura de "Número de registro de extranjero", que puede encontrar en su tarjeta de residencia). Su A-File contiene registros de todas las comunicaciones e interacciones entre usted y USCIS, además de las comunicaciones sobre usted que USCIS ha tenido con otras agencias gubernamentales, como la Oficina Federal de Investigaciones (FBI) o el Departamento de Seguridad Nacional de EE. UU. (DHS).

Estos registros generalmente incluyen lo siguiente:

- Registros de cuándo y cómo se convirtió en titular de una tarjeta de residencia.

- Registros de solicitudes de la tarjeta de residencia y documentos de respaldo de cualquier miembro de la familia que haya patrocinado.

- Registros de otros formularios y documentos que ha enviado a USCIS, como permisos de trabajo y de viaje.

- Registros de encuentros anteriores con la policía y procedimientos de inmigración (como una audiencia de deportación), si corresponde.

Por lo general, puede solicitar estos registros enviando una solicitud de la Ley de Libertad de Información (FOIA) al USCIS (consulte FOIA.gov para obtener instrucciones sobre como presentar una solicitud de FOIA.

Si estás exento del examen de inglés

Puede traer un intérprete o pedirle a USCIS que elija uno por usted si no necesita tomar el examen de inglés. El oficial de USCIS también puede realizar su entrevista en su idioma preferido si lo habla con fluidez. Si trae su propio intérprete, debe completar un "juramento del intérprete y declaración de privacidad" y proporcionar una copia de su identificación emitida por el gobierno al llegar a la oficina de campo de USCIS. Durante la entrevista, es posible que el intérprete no dé ninguna opinión ni responda preguntas de la entrevista en su nombre.

Si tiene una discapacidad

Puede traer a un familiar o tutor legal, pero el oficial de USCIS que realiza su entrevista puede decidir si permitirá su presencia durante su entrevista. Por lo general, es una buena idea pedir permiso previo

---

comunicándose con la oficina de campo de USCIS que se le asignó antes de la entrevista.

Capítulo 5

Como se Gobierna Estados Unidos

Para entender cómo funciona el sistema de Gobierno de Estados Unidos

A un observador visitante, el gobierno de este país le puede parecer muy directo: el Congreso hace las leyes y el Presidente las pone en ejecución. Pero una inspección más cuidadosa revela un sistema de interacciones e influencias mucho más complejo. Por tratarse de una república, en el sistema estadounidense el poder máximo reside en el pueblo. Ese poder se ejerce a través de elecciones programadas con regularidad en las que los votantes eligen al Presidente, los miembros del Congreso y varios funcionarios estatales y locales. Esos funcionarios y su personal formulan políticas, crean leyes y dirigen las operaciones diarias del gobierno. "No conozco depositario más seguro de los máximos poderes de la sociedad que el pueblo mismo".

El papel de La Constitución de Estados Unidos

La Constitución de Estados Unidos es el plano general del sistema de gobierno del país. Ratificada en 1788, la Constitución define tres ramas separadas de gobierno (legislativa, ejecutiva y judicial), los poderes de éstas y el modo en que las vacantes deben ser llenadas en cada una de ellas.

Una de las características que definen a la Constitución es el sistema de frenos y contrapesos que en ella se establece para distribuir el poder entre las tres ramas. Cada una de éstas ejerce algún tipo de poder sobre las otras. Por ejemplo, los jueces de la Corte Suprema (rama judicial) son designados por el Presidente (poder ejecutivo), pero su designación está sujeta al consentimiento del Senado de la nación (rama legislativa). Así mismo, el poder judicial puede rechazar leyes ya aprobadas por el Congreso y firmadas por el Presidente si considera que son inconstitucionales. Éstos y otros frenos y contrapesos garantizan que ninguna de las ramas del gobierno ejerza demasiado poder.

En virtud de que el gobierno sólo puede ejercer los poderes que le son conferidos de modo específico en la Constitución, esta última es una importante salvaguarda de los derechos y facultades del pueblo. Las diez primeras enmiendas a la Constitución se conocen en conjunto como la Carta de Derechos. Ésta garantiza libertades importantes a todos los estadounidenses, como la libertad de expresión, de prensa y de credo, la garantía de no ser sometidos a registros fuera de lo razonable y el derecho a ser juzgados en un juicio por jurado.

La Constitución, como ley suprema de la nación, limita las facultades legislativas y ejecutivas de todos los niveles del gobierno. Cualquier ley o porción de esta que a juicio de los tribunales esté en conflicto con la Constitución es anulada y la Corte Suprema de la nación tiene la última palabra en esos casos.

Las enmiendas a la Constitución son adoptadas cuando han sido propuestas por dos terceras partes de los miembros de la Cámara y el Senado, y las han ratificado tres cuartas partes de los estados. El proceso es difícil y sólo se han hecho 27 enmiendas desde que la

Constitución fue ratificada. De éstas, sólo 16 han sido adoptadas desde 1800.

Interacción de los gobiernos federal, estatales y locales

La Constitución no sólo define la estructura y los poderes del gobierno federal, sino también contiene disposiciones generales sobre los gobiernos estatales. A su vez, cada estado tiene su propia constitución en la que se hallan las disposiciones aplicables a los gobiernos locales dentro de la entidad. Estos últimos pueden ser gobiernos de ciudades, condados, pueblos, distritos escolares y distritos con propósitos especiales, y rigen cuestiones tales como los recursos naturales o las redes de transporte de la localidad.

El gobierno federal está acotado dentro de los poderes y responsabilidades que le otorga de modo específico la Constitución de Estados Unidos. Algunos de los poderes mencionados en ésta se refieren a regular el comercio entre los estados, proveer para la defensa nacional, crear moneda, regular la inmigración y naturalización, y celebrar tratados con otros países.

Sin embargo, la Constitución ha sido interpretada y enmendada a lo largo del tiempo para adaptarla a las circunstancias cambiantes, y los poderes que el gobierno federal ejerce se han modificado en consecuencia. En colaboración con los estados, el gobierno federal crea ciertas leyes y programas cuya financiación es federal, pero que los estados administran. Educación, bienestar social, asistencia para vivienda y nutrición, seguridad nacional, transporte y respuesta en situaciones de emergencia son áreas clave donde los estados prestan sus servicios a expensas de fondos federales y bajo lineamientos también federales.

Esto confiere al gobierno federal el poder de influir en los estados. Por ejemplo, en la década de 1970 el gobierno federal deseaba imponer límites de velocidad más bajos en las carreteras para reducir el consumo de energía. Entonces, en lugar de legislar directamente un límite de velocidad menor, dicho gobierno amenazó con retirar los fondos para proyectos de carreteras a los estados que no redujeran los límites de velocidad en sus caminos por iniciativa propia. En muchos casos, los estados deben financiar también una parte de los programas para ser acreedores a fondos federales.

Los gobiernos locales son autorizados de acuerdo con la constitución de su respectivo estado. Así como las políticas que los gobiernos estatales promulgan no deben estar en conflicto con la ley federal, los gobiernos locales están sujetos al entorno jurídico creado por la constitución y los estatutos de cada estado.

Semejanzas y diferencias entre el sistema de gobierno de Estados Unidos y otras formas de gobierno democrático

Como república federal constitucional, Estados Unidos no es un caso único. De hecho, muchas "democracias" son repúblicas constitucionales y comparten con este país largas tradiciones de representación democrática, estado de derecho y garantías constitucionales.

Una diferencia significativa entre Estados Unidos y otras democracias importantes es la forma de seleccionar al jefe de gobierno y el papel que éste desempeña. En los sistemas parlamentarios, el cargo de jefe de gobierno se confiere a un primer ministro seleccionado por el parlamento y suele recaer en el líder del partido político de la mayoría o de una coalición de partidos. El primer ministro designa un gabinete de ministros que a menudo está integrado por otros miembros del parlamento. Por su parte, el jefe de estado puede ser un monarca o un Presidente elegido (u otro funcionario comparable).

En Estados Unidos, el Presidente es a la vez jefe de gobierno y jefe de estado. El Presidente es elegido por separado, no junto con la legislatura, y puede ser miembro o no del partido político de la mayoría en dicha legislatura. El gabinete presidencial está formado por individuos a quienes la Constitución prohíbe que, al mismo tiempo, sean miembros del Congreso.

Estados Unidos es ante todo un sistema de dos partidos, en marcado con-traste con muchos sistemas parlamentarios donde diez o más partidos pueden estar representados en la legislatura. El resultado de esto es que las líneas políticas están definidas con claridad en el país y no existe la necesidad formal de formar coaliciones para crear una mayoría gobernante, como muchas veces ocurre en los sistemas parlamentarios. Un factor que propicia la existencia del sistema bipartidista en Estados Unidos es su sistema de distritos de un solo miembro para la elección de representan-tes. En algunos sistemas parlamentarios se usa la representación proporcional, con lo cual se permite que muchos partidos estén representados en el parlamento.

Otra diferencia importante es que, en Estados Unidos, los funcionarios elegidos ejercen sus funciones por un periodo definido antes de aspirar a la reelección. En muchos sistemas parlamentarios, el partido gobernante puede convocar a elecciones en forma intempestiva o si se ha emitido un voto de no confianza en el gobierno. En algunos sistemas parlamentarios, el parlamento puede ser disuelto por el jefe de estado y se ordena la realización de nuevas elecciones.

Las diferencias en el sistema judicial no son tan significativas como en la rama legislativa porque el sistema jurídico de Estados Unidos se basa en primer término en el derecho consuetudinario inglés. En los juicios penales, el acusado tiene derecho a ser juzgado en público por un jurado y a ser defendido por un abogado. Sin embargo, una diferencia importante en la rama judicial es que la Corte Suprema de la nación tiene facultades para declarar la inconstitucionalidad de las leyes, con lo cual éstas son anuladas. Pocos países confieren tal autoridad a sus judicaturas.

Por último, los ingresos y los egresos del gobierno estadounidense son mucho más modestos que los de la mayor parte de sus homólogos en otras naciones industrializadas, si se miden como porcentaje del producto interno bruto.

Gran parte de la diferencia se debe a que en otras naciones los gobiernos pagan los servicios y prestaciones sociales (como la atención de la salud y las pensiones para la vejez). En Estados Unidos, muchos de esos servicios corren a cargo del sector privado o el gobierno no los financia en la misma medida, por lo cual no se contabilizan como egresos de éste.

El Gobierno Federal

El gobierno federal está constituido por tres ramas diferentes, cada una de las cuales tiene facultades y responsabilidades que han sido definidas con claridad en la Constitución. Esas ramas son la legislativa, la ejecutiva y la judicial.

La Rama Legislativa

La rama legislativa del gobierno federal son las dos cámaras del Congreso: el Senado de la República y la Cámara de Representantes de la Nación. Toda legislación tiene que ser aprobada por las dos cámaras antes de ser presentada al Presidente para que la firme y así la convierta en ley.

Cómo se convierte en ley un proyecto legislativo

Miles de proyectos legislativos se presentan cada año en el Congreso, pero sólo unos cuantos cientos de ellos son aprobados como leyes. Presentamos a continuación un resumen de cómo se abre paso un proyecto desde su redacción preliminar hasta que es firmado como ley por el Presi-dente.

1. **El proyecto es redactado.** Un senador o un representante puede escribir la legislación original, o bien, una asociación gremial o un ciudadano particular puede solicitar la preparación de esta e incluso colaborar a su redacción. Sin embargo, sólo un senador o un representante puede presentar formalmente dichos proyectos. Una vez que el proyecto ha sido escrito, su autor o autora busca copatrocinadores entre sus cole-gas para dar más credibilidad a la iniciativa.

2. **El proyecto es presentado en el Senado y/o en la Cámara.** Se le asigna un número y tanto su título como los nombres de sus patrocinadores son publicados en el Registro del Congreso.

3. **Los parlamentarios de la Cámara y el Senado asignan el proyecto al comité que tenga la jurisdicción pertinente.** Entonces el presidente del comité puede asignar el proyecto al subcomité más apropiado. Es importante señalar que los presidentes de comités y subcomités tienen mucho poder sobre la forma en que los proyectos asignados a ellos son considerados. Si el presidente se opone a la legislación puede optar simplemente por abstenerse de actuar al respecto.

4. **El subcomité puede celebrar audiencias en torno al proyecto y solicitar declaraciones de testigos del sector público y el privado.** Muchos testigos son funcionarios de la rama ejecutiva, expertos o partes afectadas pertenecientes a asociaciones gremiales, sindicatos, el mundo académico, grupos de interés público o la comunidad empresarial. Los individuos también pueden dar a conocer sus opiniones si rinden testimonio, presentan una declaración escrita o dejan que un grupo de interés defienda sus puntos de vista.

5. Una vez que concluyen las audiencias, el subcomité puede reunirse para la modificación o "Mark-up" del proyecto, que es el proceso de proponer y considerar enmiendas a la redacción original del mismo. A continuación, el subcomité vota para decidir si debe recomendar en forma favorable el proyecto al comité en pleno. Si la recomendación no es favorable, el proyecto expira.

6. El comité en pleno puede repetir cualquiera de las acciones del subcomité o todas ellas: audiencias, modificación y votación. Si el voto del comité es favorable al proyecto, se ordena que éste sea recomendado al pleno de la Cámara de Representantes o del Senado, según sea la cámara donde está siendo considerado.

7. Cuando el proyecto llega a la asamblea de la Cámara o el Senado, todos los miembros de ese órgano lo pueden debatir. Llegado a ese punto es posible que al proyecto se le hagan más enmiendas, que sea devuelto al comité o que se lo someta a votación.

8. **Si el proyecto es aprobado por la Cámara o el Senado, es remitido a la otra cámara.** Un proyecto aprobado por la Cámara puede ser incluido directamente en el calendario del Senado, pasando por alto las revisiones de un subcomité y un comité. Sin embargo, de ordinario, los subcomités y los comités de ambos órganos tienen oportunidad de celebrar audiencias y enmendar el proyecto. Es frecuente que legislaciones afines o idénticas avancen al mismo tiempo en la Cámara y el Senado.

9. **Si un proyecto es aprobado en forma idéntica por la Cámara y el Senado, entonces es enviado al Presidente.** Si hay diferencias entre las versiones del proyecto aprobadas por la Cámara y el Senado, los presidentes de estos dos órganos designan un comité de conferencia para que resuelva las discrepancias. Si los conferenciantes no logran llegar a un acuerdo, la legislación expira. Si consiguen ponerse de acuerdo, el proyecto de ley se envía de nuevo a ambas cámaras, las cuales lo deben someter a votación sin hacer más enmiendas.

Si el proyecto del comité de conferencia ha sido aprobado por ambas cámaras, es remitido al Presidente para que lo firme. Éste tiene entonces cuatro opciones:

1. Firmar el proyecto convirtiéndolo en ley.

2. Abstenerse de actuar mientras el Congreso esté en sesión, en cuyo caso el proyecto se convierte en ley al cabo de diez días.

3. Abstenerse de actuar cuando un Congreso está en su sesión de clausura, en cuyo caso el proyecto expira.

4. Vetar el proyecto.

Si el Presidente veta un proyecto de ley, el Congreso puede tratar de anular el veto. Para eso se requiere el voto de dos terceras partes de los miembros, tanto de la Cámara como del Senado. Si cualquiera de esos órganos no es capaz de reunir una mayoría de dos tercios de los votos a favor de la legislación, ésta expira. Si ambos logran hacerlo, el proyecto se convierte en ley.

Además de la creación de leyes, una de las actividades más importantes del Congreso consiste en supervisar al poder ejecutivo. El Congreso puede realizar audiencias para investigar las operaciones y actividades de la rama ejecutiva a fin de asegurarse de que ésta acate la ley en forma íntegra.

A. El Senado

- Considerado como la "cámara alta", se le atribuye un carácter más deliberativo que a la Cámara de Representantes.

- Está integrado por 100 senadores (dos de cada estado).

- Los senadores prestan servicio por periodos de seis años y no hay límite para el número de periodos que pueden servir.

- Para propósitos electorales, los senadores se dividen en tres clases y cada una se somete a elecciones cada dos años. Esto garantiza que en el Congreso siempre haya en servicio legisladores con experiencia.

- Las vacantes del Senado se llenan de ordinario con la persona designa-da por el gobernador del estado donde se produce cada vacante.

- El Vicepresidente de Estados Unidos se desempeña como presidente del Senado y sólo puede votar en casos de empate. *Aun cuando comparte amplios poderes legislativos con la Cámara de Representantes, el Senado tiene varias facultades que le son exclusivas.

- El Senado es el que debe confirmar las designaciones presidenciales para la Corte Suprema, los tribunales federales menores y los puestos clave dentro de la rama ejecutiva, antes que las personas designadas puedan asumir el cargo.

- El Senado aprueba o rechaza los tratados internacionales que ha negociado el Presidente.

- En caso de juicio político contra el Presidente o algún miembro de la Corte Suprema, el pleno del Senado realiza el juicio y actúa en calidad de jurado.

B. La Cámara de Representantes

- Ha sido considerada como la "cámara del pueblo".

- La integran 435 representantes, designados proporcionalmente por los estados de acuerdo con la población de cada uno. Cinco territorios y posesiones de Estados Unidos tienen también representación en la Cámara, aunque sin derecho de voto: el Distrito de Columbia, Samoa Americana, Guam, Puerto Rico y las Islas Vírgenes de EE.UU.

- El periodo de servicio de todos los representantes es de dos años, sin límite alguno para el número de periodos que pueden servir, y todos son elegidos al mismo tiempo.

- Cada representante es elegido por un área geográfica definida dentro de un estado y cada una de esas áreas se conoce como un distrito del Congreso.

- Las vacantes de la Cámara de Representantes sólo se pueden llenar por medio de una elección especial o en una elección general.

- Los miembros de la Cámara eligen al presidente de esta, quien es el principal funcionario de dicho órgano y, en la práctica, suele ser miembro del partido de la mayoría. Los poderes y responsabilidades especiales de la Cámara que ésta no comparte con el Senado son:

- La facultad de presentar cargos para someter a juicio político al Presi-dente y a los jueces de la Corte Suprema.

- Todos los proyectos legislativos para aumentar la renta pública deben originarse en la Cámara de representantes.

- La Cámara selecciona al Presidente en los casos en que ningún candida-to presidencial obtiene la mayoría de los votos electorales. En esos ca-sos, la delegación de cada estado tiene un voto.

La Rama Ejecutiva

La rama ejecutiva es, por amplio margen, la más numerosa del gobierno federal. La persona que la encabeza es el Presidente, quien presta servicio por un periodo de cuatro años.

El Vicepresidente es elegido al mismo tiempo y es el primero en la línea sucesoria para asumir la presidencia si el Presidente muere, queda incapacitado o es destituido de su cargo mediante juicio político y la correspondiente sentencia condenatoria.

Aun cuando la rama ejecutiva comparte poderes en plan de igualdad con las otras dos ramas del gobierno, el Presidente es el individuo más poderoso del gobierno.

Algunas de las facultades y funciones del Presidente son:

- Designar magistrados de la Corte Suprema y jueces de tribunales federales menores, todos los cuales están sujetos a la ratificación del Sena-do.

- Designar un gabinete de secretarios de departamento y jefes de agencia que deberán ser confirmados por el Senado.

- Desempeñarse como comandante en jefe de las fuerzas militares.

- Ejercer como jefe de estado titular.

- Negociar tratados internacionales y con las tribus indígenas norteamericanas, que deberán ser ratificados por el Senado.

- Vetar la legislación aprobada por el Congreso.

- Otorgar indultos y suspensiones temporales de ejecución de la sentencia por delitos federales (a menos que se trate de un juicio político). En la práctica, además de estas facultades constitucionales, el Presidente tiene otros poderes de carácter informal o que no se mencionan expresamente en la Constitución. En primer lugar y, ante todo, el Presidente puede emitir órdenes del ejecutivo, que son directrices dotadas de fuerza de ley. Las órdenes del ejecutivo se usan de ordinario para propósitos como los siguientes:

- Establecer nuevos programas, cargos o comisiones para promover o poner en práctica la agenda política del Presidente.

- Crear políticas que afectan la forma en que la legislación aprobada por el Congreso debe ser llevada a cabo o puesta en vigor.

- Declarar las fechas que la fuerza de trabajo federal debe observar cómo días festivos.

Las órdenes del ejecutivo pueden ser un instrumento poderoso para que el Presidente alcance sus objetivos de política y tal poder ha sido confirmado por la Corte Suprema. Cada una de las órdenes del ejecutivo puede ser anulada o modificada por medio de legislación del Congreso, pero dicha legislación requiere la firma del Presidente para entrar en vigor, a menos que el Congreso esté anulando un veto presidencial. Las órdenes del ejecutivo también pueden ser impugnadas en los tribunales si se estima que violan la Constitución o están en conflicto con la ley vigente.

Por último, el Presidente o la Presidenta se desempeña como jefe de su partido político y puede usar el prestigio y la visibilidad de la presidencia para expresar opiniones y tratar de alcanzar objetivos de orden político, tanto ante el público como con los miembros de su propio partido en el Congreso.

A. Departamentos y Agencias del Ejecutivo

Supeditados al Presidente y el Vicepresidente hay quince departamentos y numerosas agencias que, en conjunto, constituyen el "gobierno" que vemos todos los días. Ellos tienen bajo su responsabilidad la administración de la ley, el cumplimiento de esta y la provisión de varios servicios gubernamentales. Sus funciones son de largo alcance y afectan la vida de todos los estadounidenses.

Los 15 departamentos son:

- Departamento de Agricultura (USDA).

- Departamento de Comercio (DOC).

- Departamento de Defensa (DOD).

- Departamento de Educación (ED).

- Departamento de Energía (DOE).

- Departamento de Salud y Servicios Humanos (HHS).

- Departamento de Seguridad Nacional (DHS).

- Departamento de Vivienda y Desarrollo Urbano (HUD).

- Departamento del Interior (DOI).

- Departamento de Justicia (DOJ).

- Departamento del Trabajo (DOL).

- Departamento de Estado (DOS).

- Departamento del Transporte (DOT).

- Departamento del Tesoro.

- Departamento de Asuntos de Veteranos (VA).

Cada departamento está encabezado por un secretario, quien es designado para el cargo por el Presidente y tiene que ser ratificado por el Senado. De acuerdo con la ley, los secretarios de departamento conforman el Gabi-nete del Presidente, un grupo de personas que asesora al primer mandata-rio sobre cualquier tema relacionado con sus respectivas responsabilidades.

El Presidente puede conferir también categoría de nivel de gabinete a otros altos funcionarios de la rama ejecutiva. Esto incluye de ordinario al Vicepresidente, el jefe de Estado Mayor de la Presidencia, el director de la Oficina de Administración y Presupuesto, y el Representante de Comercio de Esta-dos Unidos. Otros cargos que en la actualidad o en fecha reciente han sido considerados a nivel de gabinete son los del director de la Agencia de Protección Ambiental, el director de la Agencia Central de Inteligencia y el consejero de seguridad nacional del Presidente.

Además de los departamentos a nivel de gabinete, hay muchas agencias y comisiones de la rama ejecutiva independientes, algunas de las cuales son bastante grandes. Se pueden mencionar como ejemplos el Servicio Postal de EE.UU., la Agencia de Protección Ambiental y la Administración Nacional de Aeronáutica y del Espacio (NASA).

Las dependencias dedicadas a la regulación son un tipo de agencia especialmente poderosa. El Congreso les ha dado facultades para elaborar y hacer cumplir reglas que gobiernan partes específicas de la economía y que a menudo se refieren a cuestiones técnicas complejas. Las principales agencias reguladoras son:

- Comisión de Valores y Bolsa (SEC).

- Comisión Federal de Comercio (FTC).

- Comisión de Regulación Nuclear (NRC).

- Administración de Alimentos y Fármacos (del HHS) (FDA).

- Comisión Federal de Comunicaciones (FCC).

- Agencia de Protección Ambiental (EPA).

- Comisión para la Igualdad de Oportunidades en el Empleo (EEOC).

- Administración (en DOL) de Seguridad y Salud Ocupacional (OSH).

En conjunto con otras agencias reguladoras, estos organismos elaboran reglas que afectan a casi la totalidad de las empresas y los consumidores. Los miembros de comisiones y los jefes de agencias son designados por el Presidente y requieren la aprobación del Senado. Sus reglas tienen fuerza de ley, pero pueden ser impugnadas en los tribunales o anuladas por el Congreso.

De todas las agencias independientes, ninguna lo es en mayor grado que el Sistema de la Reserva Federal, el banco central de la nación, conocido también simplemente como "el Fed". La Junta de Gobernadores de la Reserva Federal tiene la responsabilidad de establecer la política monetaria del país, fijar las tasas de interés y determinar la oferta de dinero. Las decisiones que toma el Fed tienen efectos de largo alcance sobre la economía de la nación, las tasas de interés, la inflación, la creación de empleos y el comercio internacional.

De hecho, muchos consideran que el presidente de la Junta de Gobernado-res ocupa el segundo lugar entre los individuos más poderosos del gobierno, después del Presidente.

B. La Sucesión Presidencial

El Departamento de Seguridad Nacional es el órgano de más reciente creación en el país a nivel de gabinete. La fecha de fundación es importante porque si bien la presidencia le corresponde al Vicepresidente en caso de muerte o incapacidad del Presidente, si el Vicepresidente está incapacitado para prestar servicio, la línea de sucesión es la siguiente:

- El presidente de la Cámara de Representantes.

- El presidente pro tempore del Senado.

- Los secretarios de los departamentos, generalmente en el orden en que éstos han sido creados, a partir del secretario de Estado.

La Rama Judicial

La Rama Judicial es responsable de juzgar los casos jurídicos que impugnan los actos del Congreso o requieren interpretación de éstos y también debe conocer las causas penales en las que sobre el acusado pesan cargos de haber transgredido una ley federal. Así mismo, los tribunales federales tienen jurisdicción de apelación sobre las leyes estatales cuando éstas son impugnadas sobre bases constitucionales, y tienen jurisdicción sobre los casos en los que están involucrados más de un estado o ciudadanos de más de un estado, o cuando una de las partes es extranjera.

La Rama Judicial está constituida por la Corte Suprema y los juzgados federales menores, lo cual incluye los tribunales de apelación (también conocidos como cortes de circuito o cortes de apelación), juzgados federales de distrito, tribunales de quiebras y tribunales de reclamaciones federales. Los tribunales de la judicatura federal conocen los casos civiles y penales ventilados en juzgados estatales que han sido objeto de apelación. Su jurisdicción original incluye los casos relacionados con patentes, marcas registradas, reclamos contra el gobierno federal, bancarrotas, valores financieros, derecho marítimo y reclamaciones internacionales. Como rama aparte del gobierno, el poder judicial es independiente de las otras dos ramas y sólo está sometido a los frenos y contrapesos definidos en la Constitución. Se considera que una judicatura federal independiente es esencial a fin de garantizar la imparcialidad y la justicia para todos los ciudadanos en un plano de igualdad.

La Constitución fomenta la independencia judicial en dos aspectos principales. Primero, los jueces federales son designados en plan vitalicio y sólo pueden ser retirados de su cargo por medio de juicio político y condena del Congreso por "traición, cohecho u otros delitos y faltas menores".

Segundo, la Constitución dispone que la remuneración de los jueces federales "no será rebajada mientras ellos continúen en sus cargos", lo cual significa que ni el Presidente ni el Congreso pueden reducir el salario de un juez federal. Esas dos salvaguardas ayudan a que la judicatura goce de independencia para resolver los casos, al margen de pasiones populares y de influencias políticas.

Aun cuando la rama judicial fue concebida por los autores de la Constitución como una rama al abrigo de las presiones políticas y la opinión popular, el proceso de selección de jueces ha llegado a estar altamente politizado. Los magistrados de la Corte Suprema y los jueces de tribunales meno-res son designados por el Presidente y sólo pueden ocupar sus cargos si han sido ratificados por el Senado.

En la Corte Suprema hay en la actualidad nueve magistrados, el número que la ley dispone. Los tribunales federales menores son establecidos por el Congreso y éste determina su jurisdicción, su presupuesto y el número de jueces apropiado.

Todos los jueces federales requieren la ratificación del Senado para asumir sus cargos en forma permanente. Sin embargo, el Presidente puede designar jueces para un periodo temporal, mientras el Congreso no esté en sesiones.

Los magistrados federales, que realizan actividades judiciales como la determinación de fianzas, la emisión de órdenes judiciales, y llevan a cabo audiencias por delitos menores, son nombrados para periodos de ocho años de servicio por jueces de tribunales federales de distrito.

La Corte Suprema y sus derechos civiles

El papel de la Corte Suprema como miembro igualitario del gobierno se fortaleció con el célebre caso de Marbury v. Madison en 1803. En ese juicio, la Corte Suprema declaró por primera vez la inconstitucionalidad de una ley aprobada por el Congreso y firmada por el Presidente, por lo cual ésta quedó anulada. En lugar de ser sólo un tribunal que interpreta la ley, la Corte Suprema tiene el poder de invalidar leyes.

Aun cuando tuvieron que pasar 54 años para que la Corte Suprema declarara la inconstitucionalidad de otra ley, ese órgano ha estado cada día más activo desde mediados del siglo XX, sobre todo en el ámbito de los derechos civiles.

Una sucesión de casos memorables fue una fuerza impulsora para la expansión de los derechos de las minorías y la protección de los acusados en juicios penales. Muchos de esos veredictos, aunque fueron controvertidos en su época, se elogian hoy como victorias imperecederas sobre la injusticia. Los siguientes son ejemplos de los casos que han tenido un impacto duradero:

- En 1954, en el caso Brown v. Junta de Educación, el tribunal dictaminó que la existencia de escuelas separadas para blancos y negros implicaba una desigualdad intrínseca, y eso dio lugar a un esfuerzo masivo para la integración de las escuelas públicas.

- En 1956, el tribunal confirmó el dictamen de un juzgado menor para anular leyes estatales que eran discriminatorias contra ciertas minorías. Prácticas tales como obligar a los negros a sentarse en la parte trasera de los autobuses (la situación que dio lugar al juicio) quedaron proscritas.

- En el caso Miranda v. Arizona de 1967, el tribunal sostuvo que a las personas detenidas en custodia policial se les debe explicar que tienen derecho de permanecer en silencio y de contar con la asesoría de un abogado. Esto se conoce en la actualidad como "los derechos Miranda".

En éstos y muchos otros casos importantes, la Corte Suprema invalidó le-yes y prácticas estatales y locales cuyo efecto consistía en negar la igualdad de derechos de las minorías ante la ley. Una base importante de esas decisiones fue la Decimacuarta Enmienda, que en una de sus partes dispone lo siguiente:

"Ningún estado aprobará o hará cumplir ley alguna que restrinja los privilegios o inmunidades de los ciudadanos de Estados Unidos; ni ningún estado privará a persona alguna de su vida, su libertad o su propiedad sin el debido procedimiento legal; ni negará a nadie, dentro de su jurisdicción, la protección de las leyes en un plano de igualdad".

"... el poder judicial es la salvaguarda de nuestra libertad y nuestras propiedades bajo la Constitución".

Frenos y contrapesos entre:
I. (poder ejecutivo y legislativo)

II. (poder ejecutivo y poder judicial).

III. (legislativo y poder judicial).

Poder ejecutivo y legislativo

Poder ejecutivo:

- Puede vetar legislación.
- El Vicepresidente es presidente del Senado y puede decidir en casos de empate.

Legislativo:

- El Senado confirma las designaciones del Presidente para cargos en las ramas ejecutiva y judicial.
- El Congreso puede anular un veto presidencial.
- El Congreso se encarga de supervisar todas las actividades del ejecutivo.
- El Congreso controla el presupuesto.
- El Congreso puede someter al Presidente a juicio político y, si la sentencia es condenatoria, lo puede retirar de su cargo.

Poder ejecutivo y poder judicial

Poder ejecutivo:

- Designa jueces y magistrados federales.
- Representa al gobierno federal ante el tribunal.
- El Presidente puede emitir indultos por delitos, salvo en los casos de juicio político.
- Poder judicial:

- El presidente de la Corte Suprema preside los juicios políticos contra el Presidente.

- Puede declarar inconstitucionales los actos del Presidente.

Legislativo y poder judicial

Legislativo:

- El Senado ratifica a jueces y magistrados.

- Puede impugnar y destituir a jueces y magistrados.

- Determina el número de miembros de la Corte Suprema.

- Puede iniciar enmiendas constitucionales.

- Crea tribunales federales de nivel inferior a la Corte Suprema.

- Poder judicial:

- Interpreta la legislación y tiene facultades para declararla inconstitucional.

Gobiernos Estatales

En virtud de que aplica un sistema federal de gobierno, Estados Unidos tiene varios estratos gubernamentales que van desde el gobierno federal en el nivel nacional hasta los gobiernos estatales y locales.

Dos de esos estratos, el nacional y el estatal, están definidos en la Constitución del país. La Constitución de Estados Unidos confiere al

Congreso la autoridad necesaria para admitir nuevos estados a la Unión.

Desde que la Constitución fue ratificada por los 13 estados originales, el país ha crecido hasta abarcar 50 estados que varían mucho en población y dimensiones geográficas. Además de los 50 estados, hay un distrito federal, el Distrito de Columbia que es la capital de la nación y no forma parte de estado alguno. El Distrito de Columbia está regido por el gobierno de la ciudad, bajo el control presupuestario y la supervisión administrativa del Congreso de la Unión.

Los gobiernos estatales no son unidades subordinadas del gobierno federal; cada estado es soberano y no es subalterno del gobierno federal en sentido constitucional alguno. No obstante, la Constitución de Estados Unidos y la ley federal reemplazan a las constituciones y las leyes estatales en los puntos donde hay discrepancias.

Estructura de los Gobiernos statales

La Constitución de Estados Unidos garantiza a todos los estados una forma republicana de gobierno, es decir, un gobierno encabezado por represen-tantes del pueblo que éste mismo elige. En general, los gobiernos estatales son un reflejo del gobierno federal: en cada estado hay un jefe elegido de la rama ejecutiva (el gobernador), un poder judicial independiente y una rama legislativa elegida por el pueblo.

A. Poder ejecutivo

La rama ejecutiva de cada estado tiene a su cargo la administración de las operaciones diarias del gobierno, la provisión de servicios y el cumplimiento de la ley. Está encabezada por un gobernador, elegido por sufragio en todo el estado y su periodo de servicio es de dos o cuatro años, según cada estado. Otros altos funcionarios ejecutivos que pueden ser elegidos y no designados son el vicegobernador, el secretario de Estado, el fiscal general, el contralor y los miembros de diversas juntas y comisiones. Los puestos que no se llenan por elección popular suelen ser ocupados por personas que el gobernador designa.

B. Poder legislativo

Todos los estados tienen una legislatura elegida por el pueblo e integrada por dos cámaras, salvo Nebraska cuya legislatura tiene una sola cámara. Los legisladores son elegidos de distritos de un solo miembro y su periodo típico de servicio es de dos o cuatro años. Los nombres de las cámaras varían según el estado. En la mayoría de éstos, la cámara alta recibe el nombre de senado, mientras que a la cámara baja se la puede llamar cá-mara de representantes, cámara de delegados o asamblea del estado. Algunos de los deberes principales de la legislatura son la promulgación de nuevas leyes, la aprobación del presupuesto estatal, la confirmación de designaciones para las ramas ejecutiva o judicial, y la supervisión de las operaciones del poder ejecutivo.

En muchos estados pequeños, los legisladores trabajan tiempo parcial y sólo reciben una remuneración nominal. Tal vez se reúnan sólo unas cuan-tas semanas o meses del año antes de reincorporarse a sus ocupaciones de tiempo completo. En los estados grandes, los legisladores prestan servicio todo el año y reciben la remuneración y las prestaciones de un empleo de tiempo completo.

C. Poder judicial

Los sistemas de tribunales estatales tienen jurisdicción sobre asuntos que los tribunales federales no atienden; tal es el caso de la mayoría de los juicios civiles entre partes del mismo estado; los juicios penales en que los cargos son competencia de leyes estatales o locales; el derecho familiar y los problemas relacionados con la constitución del estado.

El más alto tribunal de cada estado es la corte suprema o tribunal de apelaciones estatal. Los jueces suelen ser elegidos para periodos largos, pero su servicio no es vitalicio. De ordinario, ese tribunal más alto sólo tiene jurisdicción sobre apelaciones revisa las decisiones de tribunales menores y, a su vez, sus veredictos pueden ser motivo de apelación en la Corte Suprema de la Nación. La estructura de los tribunales estatales menores varía mucho de un estado a otro. Algunos estados tienen juzgados por separado para asuntos civiles y penales, y todos los estados cuentan con algún tipo de tribunal local, de carácter municipal o de condado, que se hace cargo de juzgar los delitos menores y las reclamaciones de poca monta.

Poderes y responsabilidades de los Gobiernos Estatales

Como entidades soberanas en el marco del sistema federal de Estados Unidos, cada estado tiene su propia constitución, sus funcionarios elegidos y su organización de gobierno. Los estados tienen facultades para elaborar y hacer cumplir sus leyes, aplicar impuestos y conducir sus asuntos con un amplio margen de libertad con respecto a la intervención del gobierno federal o de otros estados. Los gobiernos estatales tienen bajo su responsabilidad primordial la provisión de muchos servicios importantes que afectan la vida diaria de los residentes. Algunos de esos aspectos son:

- Establecer normas de educación y métodos para la financiación de la educación pública.

- Construir y mantener redes de transporte.

- Establecer escuelas superiores y universidades patrocinadas por el estado.

- Expedir licencias y regular las empresas y las profesiones.

- Crear y supervisar tribunales no federales y el sistema de justicia penal.

- Proveer para la seguridad del público en general.

- Emitir licencias de matrimonio y para la conducción de vehículos.

- Expedir y registrar certificados de nacimiento y defunción.

- Administrar programas de salud, vivienda y nutrición financiados con fondos públicos para residentes de bajos ingresos e incapacitados.

- Administrar los parques estatales y otras tierras destinadas a la recreación y la conservación ambiental.

- Administrar y certificar elecciones, incluso las de funcionarios federales.

- Ejercer el comando de la Guardia Nacional del estado, a menos que ésta sea llamada a servicio nacional.

En muchos estados, algunas de esas responsabilidades son delegadas a gobiernos locales o se comparten con éstos. Por ejemplo, en la mayoría de los estados las licencias de matrimonio son expedidas por los gobiernos de las ciudades o condados.

El papel de las constituciones estatales

En contraste con la Constitución de Estados Unidos, que está escrita en términos amplios, las constituciones estatales pueden ser muy detalladas y específicas. Muchas constituciones estatales dedican páginas enteras a describir, por ejemplo, las reglas para la emisión de bonos o para definir la jurisdicción de los diversos tribunales estatales. ¿Por qué son tan detalladas las constituciones de los estados? Una razón es que son más fáciles de enmendar que la Constitución nacional. En la mayor parte de los estados, lo único que se requiere para hacerlo es la aprobación de la mayoría de los votantes en una elección que abarque toda la entidad.

Otra razón es que los estados, a diferencia del gobierno federal, tienen un amplio margen de libertad para ejercer cualquier facultad que no les esté prohibida. A fin de restringir en forma eficaz los poderes del gobierno estatal, las restricciones se deben explicar de manera expresa en la constitución del estado. Por último, las constituciones de la mayoría de los estados exigen a éstos que tengan un presupuesto equilibrado. En ellas mismas se deben especificar las excepciones a esto, como la solicitud de préstamos para financiar el transporte u otros proyectos de construcción.

Gobiernos Locales

Estructura de los Gobiernos Locales

La constitución de cada uno de los estados dispone la forma de establecer las entidades locales de gobierno. En todos los estados, esas entidades locales incluyen condados y ciudades, pero en la mayoría de los estados se han previsto también otros tipos de gobierno local, tales como subdivisiones municipales, distritos escolares, distritos de conservación, ayuntamientos y autoridades de transporte. Estos tipos especiales de gobierno local tienen autoridad reguladora, administrativa o tributaria según se defina en la constitución del estado o en una ley estatal. En Estados Unidos hay más de 500.000 funcionarios elegidos. Entre ellos, menos de 8.500 se desempeñan en el nivel nacional y estatal. El resto son funcionarios de gobiernos locales, es decir, concejales de la ciudad, miembros de juntas escolares, alcaldes, intendentes y toda una gama de individuos que prestan servicio en distintas capacidades.

A. Gobierno de Condado

El condado es la división territorial básica dentro de un estado y su tamaño fluctúa entre menos de 100 y más de 200.000 kilómetros cuadrados. En 48 estados, los condados son también la entidad primaria de gobierno, por debajo del gobierno estatal (los condados de Connecticut y Rhode Island no ejercen funciones de gobierno).

Las principales funciones de los gobiernos de condado son el registro civil (nacimientos, defunciones, transferencias de tierras, etc.), la administración de elecciones (incluso el registro de votantes), la construcción y mantenimiento de carreteras locales y rurales, la zonificación urbana, la aplicación del código de construcción y la vigilancia del cumplimiento de la ley (sobre todo en áreas rurales).

Algunos condados comparten también con el estado la responsabilidad de proveer prestaciones sociales a los residentes de bajos ingresos, vigilar y hacer cumplir los reglamentos ambientales y los códigos de construcción, supervisar el bienestar infantil y ejercer funciones judiciales. En algunos estados, los condados son las unidades geográficas que corresponden a los distritos escolares, pero las escuelas suelen tener una estructura administrativa por separado. Los condados son gobernados por funcionarios de elección popular. Lo más típico es que exista una junta de supervisores o una comisión de condado que establece las políticas y a menudo tiene también funciones ejecutivas.

Otros puestos de elección en el condado pueden ser los de alcalde, juez, juez de paz, médico forense, contralor, asesor o fiscal, y varios más. Además de esos funcionarios de elección, en muchos condados hay un administrador profesional, el cual es contratado para que dirija las operaciones generales del gobierno de la entidad.

B. Gobierno Municipal

Los municipios son ciudades, aldeas o pueblos, incorporados dentro de un condado o independientes del mismo, que tienen su propia autoridad fiscal y de gobierno. Su tamaño fluctúa desde pequeños poblados con menos de 100 residentes hasta grandes metrópolis que abarcan varios condados (como la ciudad de Nueva York).

Algunas responsabilidades del gobierno municipal son la seguridad pública, el mantenimiento de calles, parques e instalaciones recreativas de la ciudad, el tratamiento de aguas residuales, la recolección de basura, la zonificación urbanística, la aplicación del código de construcción, los servicios de bomberos y rescate, el control de animales, el transporte público y otros servicios esenciales.

Las ciudades más grandes pueden proveer también vivienda asistencial, la atención de hospitales públicos y la administración de programas de bienestar social financiados por la ciudad, el estado o el gobierno federal. Muchas ciudades son también propietarias o regulan servicios públicos, tales como el suministro de agua, la energía eléctrica, el gas natural y las telecomunicaciones. Las ciudades y pueblos están gobernados por funcionarios de elección. Entre estos últimos suele haber un alcalde y un consejo de la ciudad, el cual está a cargo de tomar decisiones y establecer las políticas. El alcalde, que puede o no ser miembro del consejo, es el jefe del gobierno municipal y su deber es supervisar las funciones administrativas de todos los días.

Algunas poblaciones han adoptado una forma de gobierno que gira en torno de un gerente de la ciudad, pues en ellas el consejo de esta contrata a un gerente profesional para que dirija las operaciones de la entidad. El gerente de la ciudad es el principal funcionario administrativo de la misma y, aunque no es elegido, rinde cuentas directamente a las autoridades elegidas, es decir, al consejo o al alcalde de la ciudad.

OCON , DA

9989

Thu May 11

Seven Trees Branch

31197118768941

Ciudadanía americana 2022-
2023 / by Kenay Keira.

C. Gobiernos de Distritos Especiales

Según la Oficina del Censo de Estados Unidos, más de la tercera parte de las entidades de gobierno de este país son lo que se llama gobiernos de distritos especiales, los cuales funcionan en forma independiente de otros gobiernos locales y suelen establecerse para atender un propósito específico en una región geográfica determinada. Ejemplos de esos propósitos son:

- La conservación del agua y los recursos naturales.

- La prevención de incendios.

- El suministro de agua.

- Los servicios de emergencia.

- Los transportes.

Los dirigentes de esas entidades gubernamentales pueden ser elegidos o designados. Las facultades de los gobiernos de distritos especiales varían en alto grado, pero muchos tienen un nivel apreciable de autoridad reguladora y tributaria. Por lo común, sus actividades se financian por medio de un impuesto especial sobre ventas o sobre la propiedad, que se recauda en el área de su jurisdicción, o bien, mediante cuotas que los usuarios deben pagar por sus servicios.

Las Elecciones y el Proceso Electoral

Las elecciones federales se realizan en el mes de noviembre todos los años pares. Así como los distritos electorales del Presidente, los senadores y los representantes se traslapan, lo mismo ocurre con sus periodos de servicio.

- Todos los representantes son elegidos cada dos años por los votantes del distrito que representan.

- Los senadores prestan servicio por periodos de seis años, y un tercio de ellos se somete a elecciones cada año par. Los senadores son seleccionados en elecciones que abarcan todo el estado y representan a la totalidad de los residentes de este.

- El Presidente y el Vicepresidente son elegidos al mismo tiempo, cada cuatro años, en una elección de alcance nacional.

El proceso de elección se inicia con mucha anticipación respecto al día de los comicios, para que la gente exprese quiénes son sus candidatos para el cargo. En el proceso de elección del Congreso, si más de un candidato del mismo partido aspira a un mismo cargo, se efectúa una elección primaria para determinar cuál de ellos aparecerá en la papeleta el día de la elección general. El proceso de elecciones presidenciales primarias es diferente de las elecciones para el Congreso. A partir de enero y hasta el final de junio del año de elecciones, los estados realizan elecciones primarias presidenciales o caucus. El resultado de esos comicios determina cuántos delega-dos representarán a cada uno de los candidatos en las convenciones de nominación de su partido en todo el país, que se celebran de ordinario en julio o agosto. En esas convenciones políticas es donde los candidatos de cada partido son elegidos en realidad.

En la elección general de noviembre, los senadores y los representantes son elegidos por mayoría relativa de votos, es decir, el candidato que recibe más votos es el que gana, aunque no sea por mayoría absoluta. En las elecciones presidenciales, a cada estado se le asigna cierto número de votos electorales igual a la suma de los representantes y los senadores de la república con los que ese estado cuente. El Distrito de Columbia, aunque no es un estado, tiene tres votos electorales. El candidato presidencial que se impone en el voto popular de un estado "gana" los votos electorales de esa entidad, casi siempre al estilo de "todo para el vencedor".

Una vez que las elecciones de cada estado han sido certificadas, se hace la cuenta de los votos que cada candidato obtuvo. Si un candidato recibe la mayoría de los votos electorales (por lo menos 270 del total de 538), será declarado ganador o ganadora. Si ningún candidato obtiene mayoría de votos electorales, la Cámara de Representantes de la nación escoge al ganador y cada delegación estatal tiene derecho a un voto. En vista de que el Presidente no es elegido directamente por la población, es posible que un candidato logre la mayoría relativa del voto popular y, aun así, pierda la elección.

Derechos y Responsabilidades en EE.UU.

Algunos derechos del ciudadano estadounidense:

- La Ciudadanía es el hilo común que vincula a todos los estadounidenses. Somos una nación unida no por raza o religión, sino por los valores compartidos de libertad e igualdad.

- Los inmigrantes contribuyen a formar y definir el país que hoy conocemos. Al convertirte en un ciudadano de los Estados Unidos de América, tú también tendrás voz y voto en cómo se rige esta nación.

Derechos y obligaciones como ciudadano en los Estados Unidos
Algunas responsabilidades se requieren legalmente de cada ciudadano y otras son responsabilidades éticas, pero todas son importantes para garantizar que Estados Unidos siga siendo una nación libre y próspera.

Derechos:

o Libertad de expresión.

o Libertad de religión.

o Derecho a ser juzgado publica y expeditamente por un jurado imparcial del estado.

o Derecho a votar en las elecciones públicas.

o Derecho a solicitar empleo federal.

o Derecho a postularte como candidato al servicio público.

Responsabilidades:

o Apoyar y defender la Constitución.

o Permanecer informado de las cuestiones que afectan a su comunidad.

o Participar en el proceso democrático.

o Respetar y obedecer a las leyes federales, estatales y locales.

o Respetar los derechos, creencias y opiniones de los demás.

o Participar en su comunidad local.

- Perseguir los ideales de la Constitución, que incluyen "la vida, la libertad y la búsqueda de la felicidad".

- Pagar la renta, los impuestos federales, locales y estatales de manera honesta y siempre a tiempo.

- Servir en un jurado cuando se le solicite.

- Defender el país cuando se presente la necesidad.

El Juramento de Lealtad:

El juramento de lealtad de los Estados Unidos es el juramento oficial de lealtad que debe tomar y suscribir todo residente permanente legal (LPR) que desee convertirse en ciudadano de los Estados Unidos (estadounidense). El único LPR que no puede tomar este juramento de lealtad es uno que es "removido" de los Estados Unidos bajo la Ley de Inmigración y Nacionalidad (INA). El juramento de lealtad de los Estados Unidos puede ser administrado por cualquier juez de inmigración o cualquier funcionario autorizado de los Servicios de Ciudadanía e Inmigración de los Estados Unidos (USCIS), incluso por cualquier juez federal elegible. En circunstancias excepcionales, se puede administrar en cualquier parte del mundo, incluso dentro de cualquier embajada de EE. UU.

El Juramento de Lealtad actual de los Estados Unidos es el siguiente:

(Versión en Español)

Por la presente declaro, bajo juramento , que renuncio absoluta y totalmente y abjuro de toda lealtad y fidelidad a cualquier príncipe, potentado, estado o soberanía extranjero de quien o del que hasta ahora he sido súbdito o ciudadano; que apoyaré y defenderé la

Constitución y las leyes de los Estados Unidos de América contra todos los enemigos, nacionales y extranjeros; que mantendré verdadera fe y lealtad a los mismos; que portaré armas en nombre de los Estados Unidos cuando lo requiera la ley; que realizaré el servicio de no combatiente en las Fuerzas Armadas de los Esta-dos Unidos cuando lo requiera la ley; que realizaré trabajo de importancia nacional bajo la dirección civil cuando lo requiera la ley; y que asumo esta obligación libremente sin ninguna reserva mental o propósito de evasión; así que ayúdame Dios.

(Versión en Inglés)

I hereby declare, under oath, that I absolutely and totally renounce and abjure all loyalty and fidelity to any prince, potentate, state or foreign sovereignty of whom or of whom until now I have been a subject or citizen; that I will support and defend the Constitution and the laws of the United States of America against all enemies, national and foreign; that I will maintain true faith and loyalty to them; that I will bear arms on behalf of the United States when required by law; that he performed noncombatant service in the Unit-ed States Armed Forces when required by law; that he performed work of national importance under civilian direction when required by law; and that I freely assume this obligation without any mental reservation or purpose of evasion; So help me God.

Capítulo 6

Historia de los Estados Unidos

Esta línea cronológica destaca los acontecimientos notables y las tendencias sociales, políticas y económicas de la historia de los Estados Unidos desde 1492 hasta el siglo XX. En la parte inferior de la línea cronológica, se enumeran los diez períodos históricos de los Estados Unidos definidos por los Estándares McRel, y aplicados en numerosos establecimientos educativos:

- Encuentro de tres mundos (desde el comienzo hasta 1620).

- Colonización y asentamiento (1585-1763).

- Revolución y la nueva nación (entre 1754 y la década de 1820).

- Expansión y reforma (1801-1861).

- Guerra Civil estadounidense y reconstrucción (1850-1877).

- Desarrollo de los Estados Unidos industriales (1870-1900).

- Surgimiento de los Estados Unidos modernos (1890-1930).

- Gran Depresión y Segunda Guerra Mundial (1929-1945).

- Los Estados Unidos de posguerra (de 1945 a comienzos de la década de 1970)

- Los Estados Unidos contemporáneos (desde 1968 hasta la actualidad

1492 Colón llega a América; la reclama en favor de España

Tras su primer viaje por el Atlántico, Colón escribió un breve informe sobre las «Islas de la India más allá del Ganges». Su intención era anunciar sus descubrimientos recientes y obtener apoyo político y financiero para otro viaje. La primera edición de la carta se publicó en español, en Barcelona, en abril de 1493. En el plazo de un mes, Stephan Plannck publicó una traducción al latín en Roma. El preámbulo de Plannck daba crédito a Fernando de Aragón por apoyar la expedición, pero omitía cualquier mención de la reina Isabel. Plannck pronto publicó una versión corregida en la que mencionaba el papel de Isabel. Fue esta edición en latín la que circuló ampliamente y difundió las noticias de los descubrimientos de Colón por toda Europa.

1586 Sir Francis Drake ataca San Agustín, Florida

Un plano pintado a mano por Baptista Boazio describe el ataque de Sir Francis Drake en San Agustín el 28-29 de mayo de 1586. Boazio, un italiano que trabajó en Londres desde alrededor de 1585 a 1603, realizó mapas para ilustrar relatos de campañas y expediciones inglesas. Preparó una serie de mapas que marcaban la ruta de Drake para el trabajo de Walter Bigges sobre la expedición de Drake a las Indias Occidentales, publicado por primera vez en 1588 y al que siguieron ediciones posteriores. Este mapa destaca un episodio de la expedición de Drake al Caribe, donde retrata de manera pictórica cómo el pirata inglés (corsario) capturó y quemó el fuerte y la ciudad de San Agustín. El plano incluye la ilustración de un mahi-mahi, también conocido como pez mágico, que probablemente Boazio copió de dibujos de John

White, gobernador del asentamiento de Raleigh que luego fue Virginia (actualmente Carolina del Norte). El mapa de Boazio es el primer grabado de alguna ciudad o territorio que ahora es parte de Estados Unidos. Otra versión del mapa sobrevive en las colecciones de la Biblioteca del Congreso. Los dos mapas tienen colores distintos, pero son idénticos en todo lo demás.

1607 Champlain traza el mapa de la costa de Nueva Inglaterra

Esta carta de navegación portulana en vitela fue compilada por Samuel de Champlain (1567-1635), el fundador de Nueva Francia, y se concibió originalmente como un regalo para el rey de Francia. Como uno de los grandes tesoros cartográficos de América, el mapa ofrece la primera delineación exhaustiva de las costas de Nueva Inglaterra y Canadá desde Cabo Sable hasta Cape Cod, mostrando Port Royal, la bahía del Francés, los ríos St. John, St. Croix, Penobscot y Kennebec; y la isla de Mount Desert, que Champlain mismo bautizó. Los nombres geográficos y las líneas costeras corresponden estrechamente con la narrativa de Champlain en sus Viajes, publicado en 1613. Champlain diseñó y dibujó la carta de navegación personalmente. La mayoría de las cartas de navegación de la época eran dibujadas por cartógrafos profesionales que dependían de la información obtenida por los exploradores y navegantes. Champlain basó su trabajo por completo en su propia exploración y observaciones, incluyendo entrevistas con los nativos americanos, y en sus propios cálculos matemáticos. El mapa muestra los emplazamientos a lo largo de la costa, tanto asentamientos franceses como aldeas indígenas. Los bosques están representados por dibujos estilizados de árboles. Los símbolos de colinas indican las elevaciones más altas visibles desde la costa. Los bancos peligrosos aparecen como grupos de pequeños puntos, y las anclas representan los lugares donde el propio Champlain echó el ancla.

1625 Los holandeses construyen Fort Amsterdam en el extremo meridional de la isla de Manhattan

Joan Vinckeboons (1617-1670) fue un cartógrafo y grabador holandés proveniente de una familia de artistas de origen flamenco. Estaba empleado en la Compañía Neerlandesa de las Indias Occidentales y confeccionó mapas por más de 30 años para su utilización en el transporte mercantil y militar holandés. Fue compañero de negocios de Joan Blaeu, uno de los editores de mapas y atlas más importantes de la época. Vinckeboons dibujó una serie de 200 mapas manuscritos que se utilizaron en la producción de atlas, incluida la obra de Blaeu, Atlas Maior. Este mapa de 1639 en pluma y tinta y en acuarela muestra la isla de Manhattan tal como se veía unos 25 años después del establecimiento del asentamiento holandés de comercio de pieles conocido como Nueva Ámsterdam (hoy ciudad de Nueva York). También se muestran Staten Island, Coney Island, y el río del Norte (Hudson). El índice numerado en la parte inferior derecha indica los nombres de fincas y edificios y sus propietarios. Las letras en el índice indican la ubicación de Fort Amsterdam, tres molinos y el barrio de los esclavos del asentamiento. En algún momento el mapa fue parte de un atlas manuscrito perteneciente a la empresa holandesa de Gerard Hulst van Keulen, que publicó atlas marinos y manuales de navegación por más de dos siglos. Cuando se disolvió de la empresa, el atlas fue adquirido y dividido por Frederik Muller, un comerciante de libros de Ámsterdam. Muller desarmó el atlas y, en 1887, vendió al coleccionista y bibliógrafo Henry Harrisse 13 de los mapas del atlas que se atribuye a Vinckeboons.

1696 El padre Eusebio Kino explora el norte de México y el sudoeste de los Estados Unidos

Nicolas de Fer (1646-1720) fue un cartógrafo francés y editor de atlas. Kino fue un sacerdote jesuita italiano que se formó como cartógrafo. Más conocido por su trabajo en el establecimiento de misiones y en la defensa de los derechos de los indios, también hizo importantes descubrimientos geográficos. En la década de 1680 y 1690 exploró Pimería Alta en lo que hoy es el sur de Arizona y el norte de México. Sus exploraciones de Baja California y del Río Colorado finalmente lo llevaron a concluir que California no era una isla, descubrimiento que todavía no se reflejó en el mapa posterior de de Fer.

1754 Estallido de la guerra franco-india

La batalla del Monongahela, que tuvo lugar el 9 de julio de 1755, en el segundo año de la guerra franco-india. Decididos a expulsar a los franceses del oeste de Pensilvania, los británicos habían enviado una fuerza de 2000 soldados permanentes y milicia colonial al mando del general Edward Braddock para capturar Fort Duquesne, ubicado en la confluencia de los ríos Allegheny y Monongahela, en lo que hoy es el centro de Pittsburgh. Después de una ardua marcha por el norte de Virginia y el este de Maryland, Braddock giró al norte hacia Pensilvania. El 9 de julio, Braddock y una columna de 1300 hombres cruzaron el río Monongahela y comenzaron a dirigirse en dirección al fuerte, que quedaba a unas diez millas (16 kilómetros) río abajo. Fueron atacados por un pequeño destacamento de soldados franceses y varios cientos de indígenas aliados, entre ellos los ottawas, los miamis, los hurones, los delawares, los shawnees y los iroqueses. Los británicos sufrieron una derrota catastrófica: murieron unos 500 soldados, entre ellos el propio Braddock, y más de 450 resultaron heridos. Entre los sobrevivientes estaba el coronel George Washington, ayudante de Braddock y comandante del regimiento de Virginia.

1767 Estudio de la línea Mason-Dixon

La línea original de Mason-Dixon, que tradicionalmente se considera la divisoria entre el Norte y el Sur de los Estados Unidos y, antes de la Guerra Civil, entre los estados esclavistas y no esclavistas. En el siglo XVIII, se desató una disputa sobre las fronteras entre las colonias británicas de Maryland y Pensilvania. Estas acordaron resolver la disputa al hacer que dos astrónomos ingleses, Charles Mason (1728-1786) y Jeremiah Dixon (1733-1779), estudiaran la frontera. Mason y Dixon completaron su estudio en 1767 y establecieron los hitos para marcar el límite. Mason hizo un mapa, que se publicó en Filadelfia en 1768. La línea Mason-Dixon se revisó de nuevo en 1849, 1900 y, más recientemente, en la década de 1960 y ha probado ser muy precisa. Hoy en día, la línea se encuentra en 39°43'19.521" de latitud norte. Constituye la frontera entre Pensilvania y Maryland, entre Pensilvania y parte de Virginia Occidental, y la frontera norte-sur entre Maryland y Delaware. Es poco claro el origen de «Dixie», el apodo tradicional para el Sur estadounidense y el himno nacional no oficial de la Confederación durante la Guerra Civil, pero una teoría sostiene que el nombre deriva de Jeremiah Dixon.

1770 La masacre de Boston

En Boston, a fines de la década de 1760, los movimientos de lo que se convirtió luego en la Revolución estadounidense, comenzaron debido a que los residentes se enojaron por los fuertes impuestos. Con las leyes de Townshend de 1767, los británicos gravaron impuestos sobre la mercadería importada, incluidos el vidrio, el plomo, la pintura, el papel y el té. Para hacer cumplir las leyes, impusieron una fuerte presencia militar ante los colonos de Massachusetts, lo que exacerbó las tensiones entre la población local y los representantes de la corona. El 5 de marzo de 1770, los centinelas británicos que custodiaban la Aduana de Boston fueron rodeados y abucheados por grupos de bostonianos que arrojaban grandes bolas de nieve. El pequeño grupo de soldados perdió el control cuando uno de sus regimientos fue atacado. A pesar de las órdenes explícitas de realizar lo contrario, dispararon contra una multitud de civiles, matando a tres personas e hiriendo a otras ocho, dos de las cuales luego fallecieron. Esta imagen sensacionalista de la refriega fue grabada, impresa y vendida por el futuro héroe de la Guerra de la Independencia, Paul Revere. Revere copió la impresión de un diseño de Henry Pelham para un grabado más tarde publicado bajo el título «Los frutos del poder arbitrario o la masacre sangrienta». La impresión de Revere se publicó alrededor del 28 de marzo de 1770. Entre los heridos en la masacre estaba el marinero afroamericano Crispus Attucks.

1776 Declaración de Independencia

Declaración de Independencia, que, una vez elaborada por Thomas Jeffer-son, fue aprobada el jueves 4 de julio de 1776. Dígase a un estadounidense "1776" y "4 de julio", e inmediatamente cualquiera de estas fechas le traerá a la memoria la Declaración de Independencia, cuando las 13 colonias originales se separaron de Inglaterra. El 19 de abril de 1775, 700 soldados ingleses salieron de Boston para impedir la rebelión de los colonos mediante la toma de un depósito de armas de estos últimos en la vecina ciudad de Concord. En el poblado de Lexington se enfrentaron a 70 milicianos. Alguien, nadie sabe quién, abrió fuego, y la guerra de independencia comenzó. Los ingleses fácilmente se tomaron a Lexington y Concord, pero a su regreso hacia Boston fueron hostilizados por cientos de voluntarios de Massachusetts. Para junio, 10.000 soldados coloniales habían sitiado Boston, y los británicos se vieron forzados a evacuar la ciudad en marzo de 1776.

John Dunlap, impresor oficial del Congreso Continental, produjo las primeras versiones impresas de la Declaración de la Independencia de los Estados Unidos en su local de Filadelfia en la noche del 4 de julio de 1776. Después de que la Declaración había sido aprobada por el Congreso ese mismo día, una comisión tomó el documento manuscrito, posiblemente la copia en «limpio» de Thomas Jefferson, y se la entregó a Dunlap para la impresión. En la mañana del 5 de julio, los miembros del Congreso enviaron copias a las diversas asambleas, convenciones y comisiones de seguridad, así como a los comandantes de las tropas continentales. También el 5 de julio, se incluyó una copia de la versión impresa de la Declaración aprobada en el «acta borrador» del Congreso Continental para el 4 de julio. El texto estaba seguido por las palabras «Firmado bajo la orden y en nombre del Congreso, John Hancock, Presidente. Atestigua. Charles Thomson, Secretario». No se sabe cuántos ejemplares se imprimieron del llamado «volante de Dunlap» en la noche del cuatro de julio. Se sabe que existen veinticinco ejemplares: 20 de propiedad de instituciones estadounidenses, dos de instituciones británicas y tres de particulares.

1777 El Congreso adopta los Artículos de la Confederación

El 11 de junio de 1776, el Segundo Congreso Continental designó tres comisiones en respuesta a la Resolución Lee que proponía la independencia de las colonias americanas. Uno de estos comités, creados para determinar la forma de una confederación de colonias, estaba compuesto por un representante de cada colonia. John Dickinson, el delegado de Delaware, fue el principal escritor. El borrador de Dickinson de los Artículos de la Confederación llamaba al nuevo país "Estados Unidos de América". También estipulaba un Congreso con una representación basada en la población y otorgaba al gobierno nacional todos los poderes no designados a los estados. Tras un debate y reforma, el Congreso aprobó los Artículos de la Confederación el 15 de noviembre de 1777. En virtud de los artículos, cada estado retuvo "cada Poder ... que esta confederación no delegaba expresamente a los Estados Unidos". Cada estado tenía un voto en el Congreso. En lugar de formar un fuerte gobierno nacional, los estados formaban "una fuerte liga de amistad entre ellas". Debido a conflictos de representación, voto y tierras del oeste reclamadas por algunos estados, la ratificación de todos los 13 estados, necesaria para formar la confederación, no se completó hasta el 1 de marzo de 1781, cuando Maryland se convirtió en el último estado en ratificar.

1783 Tratado de París establece la independencia de los Estados Unidos

Este tratado, enviado al Congreso por los negociadores estadounidenses John Adams, Benjamín Franklin y John Jay, oficialmente puso fin a la guerra de Independencia de los Estados Unidos. Fue uno de los más ventajosos tratados jamás negociados por los Estados Unidos. Dos disposiciones fundamentales fueron el reconocimiento británico de la independencia de los EE. UU. y la delimitación de fronteras que permitirían la expansión estadounidense hacia el oeste, en dirección al río Misisipi. El archivo original de los Estados Unidos, de los Archivos Nacionales y Administración de

Documentos de los EE. UU., cuenta con dos ejemplares originales del tratado. Se distinguen fácilmente por la orientación de sus sellos, horizontales en uno y verticales en el otro.

1787 George Washington preside Convención Constituyente, reunión en Filadelfia

En 1787, la confederación de los 13 estados americanos estaba cayendo en el caos. Las arcas estaban vacías, Nueva York y Nueva Jersey estaban enfrentadas por los impuestos que se cargaban a los bienes que cruzaban los límites estatales, los granjeros de Massachusetts se estaban rebelando, y España y Gran Bretaña estaban invadiendo los territorios estadounidenses en el oeste. La Convención Federal fue convocada para resolver los problemas de gobierno de la joven república bajo los existentes Artículos de la Confederación. La convención respondió elaborando el documento que se convertiría en la Constitución de los Estados Unidos. Los delegados de la convención eligieron a George Washington, el héroe de la Guerra de la Independencia, como presidente de la convención. El artista Charles Willson Peale decidió servirse de la convención para vender grabados impresos de un nuevo retrato del general, como parte de su serie de retratos de los autores de la revolución. Los intentos anteriores de Peale de vender retratos de los líderes de la nación no habían tenido mucho éxito, y éste no pintaba mucho mejor. Aunque no tuvo éxito comercial, este retrato es considerado de importancia histórica. Representa al líder de una nación en crisis y es uno de los pocos retratos de Washington en los que no aparece con una sonrisa.

1789 La Declaración de Derechos es aprobada por el Congreso y enviada a los estados para su ratificación

Durante los debates sobre la adopción de la Constitución de los EE. UU., quienes se oponían denunciaron que la Constitución tal como estaba redactada podría dar paso al ejercicio de una tiranía por parte del gobierno central. La violación británica de los derechos civiles antes y durante la guerra de Independencia de los Estados Unidos aún era un recuerdo vívido en su memoria, por lo que exigían una «declaración de derechos» que explicara en detalle las inmunidades de los ciudadanos. Varias convenciones estatales, en su ratificación formal de la Constitución, solicitaron esas modificaciones. Otros ratificaron la Constitución con la idea de que se ofrecerían las enmiendas. El 25 de septiembre de 1789, el Primer Congreso de los Estados Unidos propone a las legislaturas estatales 12 enmiendas a la Constitución que respondían a los argumentos utilizados con más frecuencia en contra de ella. Las dos primeras enmiendas propuestas, que se referían al número de electores para cada representante y la remuneración de los congresistas, no fueron ratificadas. Los artículos 3 a 12, sin embargo, fueron ratificados por las tres cuartas partes de las legislaturas estatales y constituyen las primeras diez enmiendas de la Constitución, conocidas como la Declaración de Derechos.

1793 Comienza la construcción del Capitolio de los Estados Unidos

La construcción del Capitolio, el edificio que alberga al Congreso de EE. UU., se inició en 1793 y se completó en gran medida en 1865, cuando se terminó su segunda cúpula. Los arquitectos principales fueron William Thornton (1759-1828), B. Henry Latrobe (1764-1820), Charles Bulfinch (1763-1844) y Thomas Ustick Walter (1804-1887). Esta elevación realizada por Alexander Jackson Davis (1803-1892), en tinta, acuarela y aguada, muestra el frente oriental del Capitolio tal como se veía en 1834. Después de estudiar en la Academia Estadounidense de Bellas Artes de Nueva York, Davis comenzó su carrera como ilustrador arquitectónico. Esta versión fue realizada para una publicación, que nunca completó, sobre los edificios públicos de la nación. A fines de 1820, Davis se convirtió en arquitecto por derecho propio y completó su primer diseño para una Casa de Renacimiento Griego en New Haven, Connecticut, en 1829-1831, y se unió a una nueva empresa de Town & Davis, con Ithiel Town (1784 -1844). Davis llegó a diseñar diversos tipos de edificios, incluidas casas en el estado de Carolina del Norte, Indiana, Illinois y Ohio, grandes instituciones, y casas de campo y fincas. Como uno de los grandes maestros dibujantes de su tiempo, continuó produciendo excelentes ilustraciones a lo largo de su carrera, incluidas las destinadas a publicaciones tan influyentes como Rural Residences (1838), Cottage Residences (1842), y The Architecture of Country Houses (1850).

1800 Thomas Jefferson es electo para servir como tercer presidente de los Estados Unidos

Thomas Jefferson fue el tercer presidente de los Estados Unidos de América y uno de los padres fundadores de la república. Con una nación todavía en proceso de solidificar su identidad, las figuras políticas se convirtieron en un tema popular para los artistas contemporáneos, como lo fueran en el pasado los reyes, la aristocracia y las figuras religiosas. Los retratistas aspiraban a ganar dinero pintando a los personajes políticos importantes, ya fuera del propio sujeto o de sus seguidores más entusiastas. El artista francés Charles Balthazar Julien Fevret de Saint-Mémin (1770-1852) realizó dos grabados de Jefferson (aunque las investigaciones sugieren que retocó el retrato antiguo para el segundo grabado). Para lograr captar de manera precisa las proporciones faciales de sus modelos, Saint-Mémin se basó en el «fisionotrazo», una invención que trajo consigo de su Francia natal. El fisionotrazo era un mecanismo diseñado para trazar el perfil de un sujeto con gran exactitud. Este método se hizo bastante popular entre los grabadores estadounidenses durante un tiempo, incluyendo a los rivales artísticos de Saint-Mémin, los Peales.

1859 Nacimiento de la industria petrolera, Titusville, Pensilvania

Situada en el oeste de Pensilvania, Titusville es conocida como el lugar donde comenzó la industria petrolera moderna. En 1859, la Seneca Oil Company, una empresa que acababa de formarse, contrató a Edwin L. Drake, un maquinista de ferrocarril jubilado, para investigar presuntos yacimientos de petróleo cerca de Titusville. Drake utilizó una vieja máquina de vapor de agua para perforar un pozo. Este fue el puntapié inicial para la extracción comercial de petróleo a gran escala. A principios de la década de 1860, el oeste de Pensilvania ya se había visto transformado por el auge petrolero. El índice numerado en la parte inferior del mapa muestra puntos de interés, como refinerías y fábricas vinculadas a la industria petrolera. También se ven otras instalaciones industriales, escuelas públicas, el ayuntamiento y la ópera. La referencia con letras a la derecha enumera templos, que reflejan la diversidad religiosa, étnica y racial de la ciudad. Se indican las iglesias presbiterianas, bautistas, así como las otras denominaciones protestantes más importantes, incluidas una iglesia episcopal metodista africana (AME, por sus siglas en inglés), dos iglesias católicas y dos sinagogas. Thaddeus Mortimer Fowler (1842–1922) fue uno de los más prolíficos realizadores de mapas panorámicos. Nació en Lowell, Massachusetts, y luchó en la Guerra Civil estadounidense. Después de trabajar para un tío que era fotógrafo, fundó su propia empresa de mapas panorámicos en 1870. En el transcurso de una larga carrera, Fowler hizo los mapas panorámicos de ciudades en 21 estados y de partes de Canadá.

1860 Abraham Lincoln es electo para servir como presidente

Abraham Lincoln (1809-1865) fue el presidente número 16 de los Estados Unidos. Nació en una granja en Kentucky y se mudó con su familia a Indiana a los ocho años. A los 21 años se mudó a Illinois, donde ocupó diversos puestos de trabajo y comenzó a estudiar Derecho. Recibió menos de un año de educación formal, pero la lectura de la Biblia del rey Jacobo y otros clásicos ingleses lo convirtieron en un hábil escritor. Practicó leyes en Illinois, se desempeñó en la Asamblea General de Illinois, y fue elegido para la Cámara de Representantes de Estados Unidos. En 1860, fue elegido presidente de los Estados Unidos sobre una plataforma de oposición a la expansión de la esclavitud al oeste del país, una posición que precipitó la secesión de los estados del sur de la Unión. Al negarse a aceptar la secesión, Lincoln declaró la guerra contra el Sur para preservar la Unión y, en última instancia, para abolir la esclavitud en los Estados Unidos. Fue asesinado por un balazo el 14 de abril de 1865, poco después de que el Sur se entregara.

1861 Bull Run, primera gran batalla de la Guerra Civil estadounidense

En un mapa impreso de la Oficina del Ingeniero en Jefe del Departamento de Guerra muestra los detalles de los combates en la Batalla de Bull Run el 21 de julio de 1861. Llamada así por el arroyo o riachuelo (en inglés: «run») de Virgina del Norte, a lo largo del cual tuvo lugar el combate, Bull Run fue la primera gran batalla de la Guerra Civil estadounidense. Tras detener varios ataques ordenados por el general Irvin McDowell, comandante de la Unión, los confederados bajo el mandato del general Pierre Beauregard lanzaron un contrataque exitoso que obligó a las inexpertas y cansadas fuerzas de la Unión a retirarse hacia Washington. El fracaso del ejército de la Unión para obtener la victoria en Bull Run marcó el comienzo de una larga y costosa guerra. En un conflicto que duró poco más de cuatro años, murieron aproximadamente 620 000 soldados estadounidenses, unos 360 000 en el bando de la Unión y unos 260 000 en el bando Confederado. Los principales resultados de la guerra fueron la abolición de la esclavitud y la conservación de los Estados Unidos como una unión.

1862 Lincoln emite la Proclamación de Emancipación

Inicialmente, la guerra civil entre el Norte y el Sur fue librada por el Norte para evitar la secesión del Sur y preservar la Unión. Poner fin a la esclavitud no era uno de los objetivos. Esto cambió el 22 de septiembre de 1862, cuando el presidente Abraham Lincoln emitió una versión preliminar de la Proclamación de Emancipación en la que declaraba que a partir del 1 de enero de 1863 los esclavos en esos estados o partes de los estados aún en rebelión serían libres. Cien días después, Lincoln emitió la Proclamación de Emancipación que declaraba que «todas las personas mantenidas como esclavos» en las zonas rebeldes «son, y en adelante serán, libres». El audaz paso de Lincoln era una medida militar que esperaba sirviera de acicate para que los esclavos de la Confederación apoyaran la causa de la Unión. Porque era una medida militar, la proclamación era limitada en muchos sentidos. Se aplicaba solo a los estados que se habían separado de la Unión y dejaba intacta la esclavitud en los estados fronterizos. A pesar de que la Proclamación de Emancipación no terminó con la esclavitud, transformó esencialmente el carácter de la guerra. En adelante, cada avance de las tropas federales amplió el ámbito de la libertad. Además, la proclamación anunció la aceptación de los hombres negros en el Ejército y la Marina de la Unión. Al final de la guerra, casi 200 000 soldados y marineros negros habían luchado por la Unión y por su propia libertad.

1865 Se aprueba la decimotercera enmienda, que pone fin a la esclavitud

Aproximadamente 4 millones de esclavos fueron puestos en libertad al acabar la Guerra Civil americana. Las historias de algunos miles de ellos han pasado a las generaciones futuras a través del boca a boca, los diarios, cartas, registros o transcripciones de entrevistas. Sólo se han encontrado 26 entrevistas a exesclavos grabadas en audio, 23 de las cuales pertenecen a las colecciones del Centro de Vida Tradicional Americana de la Biblioteca del Congreso. En esta entrevista, Fountain Hughes de 101 años, recuerda su infancia como esclavo, la Guerra Civil, y la vida en los Estados Unidos como afroamericano entre las décadas de 1860 y 1940. Acerca de la esclavitud, le dice al entrevistador. "En aquellos días, para algunos eras menos que un perro. No se te trataba tan bien como tratan a los perros hoy en día. Pero no me gustaría hablar de eso. Porque hace que la gente, hace que la gente se sienta mal, ¿sabes? Uh, yo, yo podría decir un montón de cosas que no me gusta decir. Y hay un montón más que no diría. "

1898 Guerra hispano-estadounidense; los EE. UU. adquieren Puerto Rico y Guam, ocupan Cuba y las Filipinas

Este mapa militar de Puerto Rico fue publicado en 1898, el año en que Estados Unidos, durante la guerra hispano-estadounidense, se apoderó de la isla, que pertenecía a España. Las hostilidades comenzaron el 12 de mayo con el bloqueo y el bombardeo de la ciudad de San Juan por parte de la Marina de los EE. UU. A esto le siguió el desembarco de una fuerza de 1300 soldados estadounidenses en la costa de Guánica el 12 de julio. En virtud del tratado de paz que se firmó en París el 10 de diciembre de 1898, Estados Unidos adquirió formalmente Puerto Rico, hasta ese momento bajo el control de España, como también Guam y las Filipinas. W. Morey, del Cuerpo de Ingenieros del Ejército de los EE. UU., es el autor del mapa, que fue publicado por la División de Información Militar de la Oficina del Ayudante General del Ejército de los EE. UU. Se hace hincapié en el transporte: se muestran los ferrocarriles, las principales carreteras, así como los senderos para carros y para caballos. La escala está en millas (1 milla = 1,61 kilómetros). Un mapa en recuadro en la parte inferior derecha muestra Vieques, Culebra y varias islas más pequeñas que pertenecen a Puerto Rico.

1920 Se ratifica la decimonovena enmienda, que concede a las mujeres el derecho a votar

La Decimonovena Enmienda garantiza a todas las mujeres el derecho a voto. La enmienda se introdujo por primera vez en el Congreso en 1878. Con los años, los campeones de los derechos de voto pusieron en práctica distintas estrategias para lograr su objetivo. Algunos trabajaron para aprobar los sufragios en cada estado y en 1912 nueve estados del oeste habían adoptado la legislación del sufragio femenino. Otros desafiaban las leyes de voto solo masculino en los tribunales. Los sufragantes también utilizaban tácticas como desfiles, vigilias silenciosas y huelgas de hambre. A menudo los que apoyaban la causa enfrentaban una fuerte resistencia ya que los opositores los molestaban, los encarcelaban y a veces abusaban físicamente de ellos. En 1916, casi todas las principales organizaciones de sufragio estaban unidas detrás del objetivo de una enmienda constitucional. El panorama político comenzó a cambiar en 1917, cuando Nueva York aprobó el sufragio femenino y nuevamente en 1918, cuando el Presidente Woodrow Wilson cambió su posición de apoyo a una enmienda. El 21 de mayo de 1919, la Cámara de Representantes aprobó la enmienda y, el Senado, dos semanas más tarde. Cuando Tennessee se convirtió en el estado número 36 que ratificó la enmienda del 18 de agosto de 1920, la enmienda pasó su último obstáculo al obtener el acuerdo de las tres cuartas partes de los estados. Con este documento del 26 de agosto de 1920 el Secretario de Estado Bainbridge Colby certificó la ratificación.

1929 La crisis del mercado bursátil desencadena la Gran Depresión

Esta fotografía forma parte de una serie de fotografías tomadas por Dorothea Lange (1895-1965) como parte de su trabajo en California durante la Gran Depresión. En aquel momento, muchos huían del Dust Bowl de las Grandes Llanuras en busca de trabajo y una vida mejor. Las fotos de Lange documentan las difíciles condiciones que estos emigrantes encontraron al llegar a California. El trabajo de Lange se llevó a cabo para la Administración de Reasentamiento en Washington y se basó en investigaciones previas que había hecho entre los granjeros de Nipomo y del Valle Imperial en California. Sus fotografías ayudaron a sensibilizar al público de las condiciones que los emigrantes afrontaban y ayudaron a generar apoyo para los programas gubernamentales de ayuda. Lange publicó su fotografía icónica bajo el título «Recolectores de legumbres indigentes en California: madre de siete hijos». La mujer retratada era Florence Owens Thompson, quien reveló su identidad a un periódico local pocos años antes de su muerte en 1983.

1941 Los Estados Unidos entran en la Segunda Guerra Mundial

En vista de la extrema escasez de recursos durante la guerra, las mujeres fueron necesarias en las industrias de defensa, el servicio civil e incluso en las fuerzas armadas. Las campañas publicitarias estaban destinadas a alentar a aquellas mujeres que nunca habían trabajado a que se unieran como mano de obra. Las imágenes de los carteles y de las películas glorificaban y mostraban el papel de la mujer trabajadora desde un punto de vista más atractivo, a la vez que sugerían que no era necesario sacrificar la feminidad. Se las representaba como atractivas, seguras de sí mismas y decididas a hacer su parte para ganar la guerra. De todas las imágenes de mujeres trabajadoras de la Segunda Guerra Mundial, predomina la de las mujeres que trabajan en fábricas. La imagen de Rosie la remachadora (la mujer fuerte y competente vestida con mono y un pañuelo cubriéndole el cabello) se introdujo como símbolo de la mujer patriota. Los avíos para el trabajo de guerra (uniformes, herramientas y recipientes para las viandas) se incorporaron a la imagen modificada del ideal femenino.

1993 historia reciente de Estados Unidos

El primer mandato de Clinton se caracterizó por la cerrada oposición a sus iniciativas por parte del Congreso, controlado por los republicanos.

Asimismo, ratificó el tratado de libre comercio (NAFTA) con Canadá y México (18 noviembre 1993). Pero la política exterior quedó lastrada por la imposibilidad de reconocer los límites de la hegemonía, el temor de los fracasos exteriores (Somalia, Bosnia, Haití) y las tensiones aislacionistas.

Clinton obtuvo algunos éxitos en la mediación en conflictos externos (acuerdos de paz para Palestina, Washington 1993, y para Bosnia-

Herzegovina, Dayton 1995). En noviembre de 1996 Clinton obtuvo una cómoda reelección frente al candidato republicano, pero el Congreso siguió dominado por los republicanos.

Las relaciones escandalosas de Clinton con una becaria de la Casa Blanca condicionaron su segundo mandato a partir de 1998. Provocaron que la Cámara de Representantes abriera una investigación con vistas a un proceso de impeachment (destitución). Tras el juicio, el presidente fue absuelto de los delitos de perjurio y obstrucción a la justicia.

Acosado en el interior, Clinton multiplicó sus iniciativas diplomáticas y bélicas. Logró un nuevo acuerdo entre Israel y los palestinos, redobló los bombardeos contra Iraq y apoyó la intervención de la Organización del Tratado del Atlántico Norte (OTAN) contra Yugoslavia (marzo 1999). Mientras la buena salud de la economía le protegió de los ataques de sus adversarios.

En las elecciones de noviembre de 2000 venció el republicano George W. Bush, quien se enfrentó a la crisis más grave de la historia reciente del país. La destrucción de las Torres Gemelas de Nueva York y de una parte del Pentágono en Washington (11 septiembre 2001). Llevada a cabo por comandos suicidas que estrellaron tres aviones comerciales contra los edificios.

El ataque terrorista causó más de 3.000 muertos y provocó una gran con-moción política y económica mundial. Los comandos pertenecían a la red terrorista al-Qaeda, dirigida por el líder fundamentalista de origen saudí Osama bin Laden, refugiado en Afganistán.

Tras los atentados de los Estados Unidos, Bush restringió las libertades civiles en su país y lideró una coalición multinacional para combatir a los grupos terroristas. Ante la negativa de Afganistán de entregar a Bin Laden, Bush autorizó la intervención militar.

Con el apoyo de Gran Bretaña, Estados Unidos, inició los bombardeos el 7 de octubre de ese mismo año. La operación, denominada "Libertad Duradera", tuvo como objetivos desplazar del poder a los talibanes, destruir las bases de al-Qaeda y capturar a Bin Laden.

Paralelamente, la resistencia agrupada en la Alianza del Norte avanzó posiciones y se apoderó de la capital, Kabul (13 noviembre). El grueso de las operaciones finalizó a mediados de diciembre, aunque continuaron los bombardeos para desalojar a las guerrillas de al-Qaeda de sus reductos.

La ONU aprobó (15 noviembre) el envío de una fuerza multinacional para garantizar la ayuda humanitaria y el establecimiento de un Gobierno multi-étnico para gestionar la transición política.

En enero de 2002, la base estadounidense de Guantánamo (Cuba) acogió a los prisioneros de guerra.

En diciembre de 2002, Corea del Norte anunció su retirada del Tratado de No Proliferación Nuclear (TNPN). Y la reanudación de su programa atómico, lo que provocó una crisis diplomática con Estados Unidos.

Estados Unidos, se alió militarmente con Gran Bretaña y declaró la guerra a Iraq (marzo 2003) con la intención de desalojar del poder a Saddam Husayn. El 10 de abril las tropas estadounidenses entraron en Bagdad y el régimen de Husayn se desintegró.

Estados Unidos, estableció un régimen militar de ocupación respaldado por una administración civil, y recibió el encargo de la ONU de dirigir el proceso hacia la constitución de un gobierno representativo, pero tras el fin oficial de las hostilidades (1 mayo) se multiplicaron los ataques de la resistencia contra las fuerzas aliadas.

Historia de la Bandera de Estados Unidos

Era el año 1867, por un puñado de dólares (US$7.200.000), la Rusia del zar Alejandro II cedía Alaska a Estados Unidos durante el mandato del presi-dente Andrew Johnson.

En 1959 aquella «última frontera» añadía su estrella blanca, la Nro. 49, al cantón azul de la Stars and Stripes, la bandera de las «barras y estrellas.

Ese mismo año se incorporaba la quincuagésima (Nro. 50) y última estrella a esta bandera: Hawai, archipiélago polinesio que se convertía en nuevo estado de la Unión.

El año 1969 marcó la adopción del pabellón actual, la de 13 tiras de color rojo y blanco:

- 7 tiras rojas por la valentía y el fervor.

- 6 tiras blancas por la pureza y la rectitud.

En total, trece tiras que aluden a las trece colonias pioneras, entre ellas Nueva York.

El cantón de la bandera, arriba a la izquierda, es azul como la lealtad, la abnegación, la justicia, la verdad y la amistad. Las cincuenta estrellas representan a los cincuenta fieles estados que integran el país.

A partir de la Declaración de Independencia de 1776, la bandera estadounidense iría acogiendo, a modo de nebulosa, sus célebres estrellas blancas. Cada vez más numerosas a medida que se integraban nuevos estados en esta vasta nación. Como anécdota, solo el distrito federal de Washington, que jurídicamente no es un estado, no aporta una estrella a la bandera estadounidense.

Símbolos de los Estados Unidos

Los símbolos patrios representan libertad, valentía, y el trabajo de todos los que lucharon para obtener nuestra libertad.

Diariamente miramos los símbolos de los Estados Unidos en billetes, monedas, o afuera de los edificios; pero desconocemos la historia que guarda cada uno de estos o lo que significa.

Así como respetamos los símbolos patrios de nuestro país, también debemos conocer y respetar los del país que elegimos residencia y así demostramos que Estados Unidos también es importante para nosotros, y porque solo así conoceremos un poco más del por qué es la nación más poderosa del mundo. Los símbolos patrios representan todo lo que los padres fundadores creerían y los valores que querían para las nuevas generaciones.

A continuación, les presento los símbolos nacionales y lo que representan.

La Declaración de Independencia

Es el más preciado símbolo de libertad. Fue el documento redactado por Thomas Jefferson. En el expresó todos los ideales anhelados por los americanos y la deseada libertad de ya no pertenecer a la Gran Bretaña. Jefferson se inspiró en varios filósofos para redactarlo y el 4 de julio de 1776 la carta fue firmada, enviada, y reimpresa en periódicos de las trece colonias.

La Bandera

El 14 de junio de 1777 se acordó que los trece estados o colonias debían tener su propio estandarte. Es así como cada 14 de junio se celebra el día de la bandera. Su suponía que por cada estado agregado se continuaría añadiendo una franja y una estrella.

Sin embargo, cuando eran casi 20 estados, y la bandera ya no se miraba bien con tanta franja, se acordó en 1818, que la bandera solo debía tener trece franjas y solo se le seguirían agregando estrellas por cada estado. Ahora, desde 1942, existen regulaciones oficiales de la bandera y la forma en la que ésta debe y no debe ser honrada y exhibida.

El Águila

Estados Unidos al igual que muchos otros países utiliza como símbolo el águila, solo que a ésta se le conoce como "águila calva" porque de lejos lo parece serlo por sus plumas blancas en la cabeza. Se eligió aparentemente porque ningún otro país la había escogido y porque es fuerte y sobresale de las demás.

La Campana de la Libertad

Es símbolo de libertad y el fin de la esclavitud. Para el 50 aniversario de las trece colonias en Filadelfia se mandó comprar una campara en

1751. Cuando se tocó por primera vez esta no hizo el sonido fuerte que se esperaba, pero lo peor fue que la campana se estrelló.

Aunque la mandaron componer, aun no se logró el sonido esperado, pero se hicieron omisas las críticas hacia ésta. Se mantuvo escondida durante la guerra de revolución y volvió a sonar en 1835 en recuerdo del Juez de la Suprema Corte John Marshall y en 1846 por el cumpleaños de George Washington; y fue allí donde se agrieto nuevamente.

Actualmente la campara de la libertad está en exhibición en Pensilvania y replicas con todo y su grieta existen en todos los estados del país.

La Estatua de la Libertad
Creada por Frederic Auguste Bartholdi por una petición de Francia para regalar a Estados Unidos para conmemorar su independencia y como símbolo de la de libertad que comparten ambos países. Se comenzó a construir en Francia en 1875, nueve años más tarde se trasladó por partes a Estados Unidos y el 28 de octubre de 1886 se develo la estatua de 46 metros de altura.

Himno Nacional
Francis Scott Key, abogado y poeta, se inspiró y lo escribió la mañana del 14 de septiembre de 1814 justo luego de ver que la bandera americana aun oleaba después de un arduo combate contra Inglaterra. El poema fue publicado y fue tan popular y reconocido en todo el país que el 31 de marzo de 1931 se convirtió oficialmente en Himno Nacional estadounidense.

El Gran Sello

Su diseño se demoró seis años, el 20 de junio de 1782 el congreso lo aprobó y se convirtió en el sello oficial de la nación. El sello de los Estados Unidos contiene un águila que sostiene en su garra izquierda una rama de olivo, que representa paz; y trece flechas representando guerra y las trece colonias.

El águila voltea a la izquierda en señal de que prefiere y lucha por la paz, pero que la nación también está lista para la guerra cuando sea necesario. En su pico lleva un listón que dice "de muchos, uno" que quiere decir una sola nación para los primeros trece estados, y en su pecho lleva un escudo con las trece franjas.

Las nueve plumas de la cola significan el poder judicial y los nueve representantes de la Corte Suprema. Este sello contiene dos lados que podemos apreciar solo en los billetes de un dólar. El reverso contiene una pirámide con los números romanos 1776, que es el año de independencia, y el ojo vigilante que protege al país. "Annuit Coeptis" quiere decir algo así como que "Él favorece lo que hacemos," y "Novus Ordo Seclorum" significa "la nueva orden de los siglos" o el comienzo de una nueva era.

El Credo de los Americanos

Se hizo popular después de la guerra civil y significa el patriotismo a la nación. Escrito en 1917 por William Tyler Page y adoptado un año después por el congreso.

El Juramento a la Bandera

Es un símbolo de lealtad a la bandera y a lo que ésta representa. En 1888 la revista "The Youth's Companion" juntó fondos para regalar banderas a las escuelas. Cuando tenía treinta mil banderas, el editor dijo que faltaba algo para que los niños la conmemoraran. Frances Bellamy creó la versión original para recitarla en el 400 aniversario del día de Cristóbal Colon. Se modifico tres veces más y en 1954 se presentó la nueva versión agregando "Under God".

El Monte Rushmore

South Dakota necesitaba algo para atraer turismo por lo que se le pidió al escultor John Gutzon crear algo. Gutzon decidió esculpir a cuatro presiden-tes: Washington, Jefferson, Lincoln, y Roosevelt. En 1941, después de 14 años el proyecto se dijo finalmente terminado.

El Tío Sam

Se dice que todo comenzó con Sam Wilson, quien repartía carne al ejército durante la guerra de 1812. Los barriles que la transportaban tenían las siglas "US" y cuando se preguntaba por su significado él decía en broma que era "Uncle Sam."

Así que todo lo que se estampaba con "US" significando que era proveniente de los Estados Unidos se decía que era del Tío Sam. Los caricaturistas políticos comenzaron a dibujar la imagen cambiando su aspecto y ropa dependiendo de lo que estaba pasando en esos momentos con el país. Sin embargo, la caricatura se popularizo y fue todo un éxito cuando la foto del "Tío Sam" apuntando su dedo índice, fue utilizada en los cartelones del ejército para reclutar soldados en 1917. El Congreso lo declaro símbolo nacional en 1961.

Días Festivos de Estados Unidos

En Estados Unidos hay 10 días feriados federales, es decir, aplican en todo el país y también en los territorios como, por ejemplo, Puerto Rico. En los feriados federales por ley tienen día libre los trabajadores no esenciales de los gobiernos federal, estatales y locales, además de bancos y escuelas. No se descuenta del salario de los trabajadores por no trabajar en día festivo.

Sin embargo, las empresas privadas no están obligadas a brindar el día libre a sus empleados en los días de festividad federal, pero lo habitual es que sí lo hagan y, además, les paguen el salario del día feriado como si lo hubieran trabajado.

Esta regla general de no trabajar en feriados federales tiene importantes excepciones como, por ejemplo, el caso de comercios, restaurantes, hospitales, transporte, etc.

Días feriados federales en Estados Unidos

- 1 de enero, Año Nuevo.

- 20 de enero, Día de Martin Luther King. Se celebra siempre el tercer lunes de enero.

- 17 de febrero, Día del Presidente. Se celebra el tercer lunes de ese mes.

- 25 de mayo, Día de la Recordación. Se celebra siempre el último lunes del mes de mayo.

- 4 de julio, Día de la Independencia.

- 7 de septiembre, Día del Trabajo. Se celebra siempre el primer lunes de septiembre.

- 12 de octubre, Día de Cristóbal Colón. Se celebra el segundo lunes de octubre. En algunos estados se celebra Día de la Población Indígena.

- 11 de noviembre, miércoles, Día de los Veteranos.

- 26 de noviembre, Acción de Gracias.

- 25 de diciembre, Día de Navidad.

El feriado del Día del Presidente no se celebra en todos los estados y el Día de los Veteranos no es feriado público en Wisconsin. Por otro lado, cabe destacar que en algunos estados el Día de Colón no se celebra y, en su lugar, se celebra el Día de la Población Indígena como, por ejemplo, Alaska, Minnesota, Vermont, Iowa, Luisiana, Nuevo México y Maine, así como numerosas ciudades y universidades.

Los días feriados en EE.UU. como regla general son un lunes, si bien hay excepciones a esta regla. Así, el Día de Navidad, Año Nuevo, Independencia o el de Acción de Gracias se celebran el día de la semana que coincida con el día del mes de su celebración.

Sin embargo, en esos días, si el feriado es un sábado o domingo, el día libre se adelanta a viernes o se retrasa al lunes, dependiendo del estado.

Días Feriados en los Estados

Los estados pueden establecer días de observancia pública de acuerdo con su historia o a sus intereses. Las oficinas estatales cierran y los trabajado-res cobran por ese día, sin embargo, las empresas privadas no están obligadas a seguir esa norma y deciden según sus propias reglas.

Entre los días feriados los más comunes en los estados destacan:

- El viernes siguiente a Acción de Gracias que, con carácter general, es feriado en los siguientes estados: Arkansas, California, Delaware, Florida, Georgia, Illinois, Idaho, Kentucky, Maryland, Maine, Michigan, Minnesota, Nebraska, Nevada, Nuevo Hampshire, Nuevo México, Ohio, Oklahoma, Pennsylvania, Carolina del Sur, Texas, Washington y Virginia Occidental.

- El 31 de marzo, Día de César Chávez. Esta conmemoración es uno de los festivos opcionales y se celebra en Arizona, California, Colorado, Illinois, Michigan, Nuevo México, Texas, Rhode Island, Utah y Wisconsin.

- El 24 de diciembre, Nochebuena, que es feriado en Carolina del Sur, Dakota del Norte, Kansas, Kentucky, Michigan, Oklahoma, Texas, Virginia y Wisconsin.

- El 26 de diciembre, día siguiente al de Navidad, es feriado en Carolina del Norte, Carolina del Sur, Texas y Virginia.

Cabe destacar que Texas es uno de los estados con más días feriados. Además de los federales y de celebrar Nochebuena, Día después de Acción de Gracias y Día después de Navidad, son feriados públicos las siguientes fechas:

- 19 de enero: Día de los Héroes Confederado.

- 2 de marzo: Día de la Independencia de Texas.

- 31 de marzo: Día de César Chávez.

- 10 de abril: Viernes Santo.

- 21 de abril: San Jacinto.

- 19 de junio: Día de la Emancipación.

Días no Feriados pero celebrados en EE.UU.

Estos días reciben gran atención en los medios de comunicación y, en muchos casos, las tiendas y las escuelas están muy involucradas en las celebraciones. Sin embargo, ni las empresas privadas y las oficinas federales y estatales no están obligadas ni a dar el día libre a los trabajadores ni a compensarlos económicamente si no trabajan.

- 2 de febrero, Día de la Marmota.

- 14 de febrero, Día de San Valentín.

- 17 de marzo, San Patricio.

- 10 de abril, Santo.

- 12 de abril, Pascua.

- 5 de mayo, victoria ante Francia en la Batalla de Puebla.

- 10 de mayo, Día de la madre.

- 21 de junio, Día del padre.

- 31 de octubre, Halloween.

Puntos claves: Días Feriados en EE.UU.

Número de días feriados federales en EE.UU.: 10. Los estados pueden decidir no observar algún día en específico.

Días feriados que son siempre en lunes: Martin Luther King, Día del Presi-dente, Día de la Recordación, Día del Trabajo y Día de Cristóbal Colón o de la Población Indígena.

Días feriados que se celebran el día de semana que corresponda a su fecha: Año Nuevo, Día de la Independencia, Día de los Veteranos, Día de Acción de Gracias (cuarto jueves de noviembre) y Navidad.

Días feriados más comunes en los estados: César Chávez (31 de marzo), viernes después de Acción de Gracias, Nochebuena y día después de Navidad.

Preguntas de la entrevista de Ciudadanía

Preguntas comunes sobre Ciudadanía

La siguiente es una muestra de posibles preguntas de la entrevista de naturalización (organizadas por categoría).

No se le harán todas estas preguntas. La mayoría ya le resultará familiar porque anteriormente ha respondido las mismas preguntas en su solicitud de ciudadanía. Aunque algunas preguntas pueden parecer poco importantes, como las de las dos primeras categorías, las hemos enumerado en esta guía porque los oficiales de USCIS observan las respuestas a cada pregunta, sin importar cuán simple sea, como parte de la prueba de ciudadanía oral.

A. GREETING THE USCIS OFFICER(INGLES) [SALUDANDO AL OFICIAL DE USCIS(ESPAÑOL)]

- How are you? (¿Como estás?)

- How are you feeling? (¿Como te sientes?)

- How are you doing today? (¿Cómo estás hoy?)

B. BEING PLACED UNDER OATH (SER PUESTO BAJO JURAMENTO)

- ¿Do you promise to tell the truth and nothing but the truth, so help you God? (¿Prometes decir la verdad y nada más que la verdad, para que Dios te ayude?)

- Do you understand what an "oath" means? (¿Entiendes lo que significa un "juramento"?)

C. BASIC PERSONAL INFORMATION (INFORMACION PERSONAL BÁSICA)

- What is your name? (¿Cuál es tu nombre?)

- Have you used any other names? (¿Ha usado otros nombres?)

- Do you want to legally change your name? (¿Quieres cambiar tu nombre legalmente?)

- When is your birthday? (¿Cuándo es tu cumpleaños?)

- Where were you born? (¿Dónde naciste?)

- What is your race? (¿Cuál es su raza?)

- Are you Hispanic or Latino? (¿Eres hispano o latino?)

D. PHYSICAL ATTRIBUTES (ATRIBUTOS FÍSICOS)

- How tall are you? (¿Cuánto mide?)

- What color are your eyes? (¿De qué color son tus ojos?)

- What color is your hair? (¿De qué color es tu cabello?)

E. FAMILY HISTORY (HISTORIA FAMILIAR)

- What is your mother's name? (¿Cuál es el nombre de su madre?)

- What is your father's name? (¿Cuál es el nombre de su padre?)

- Is your mother or father a U.S. citizen? (¿Su madre o su padre son ciudadanos estadounidenses?)

- When did they become U.S. citizens? (¿Cuándo se convirtieron en ciudadanos estadounidenses?)

- Were they married before you turned 18 years old? (¿Se casaron antes de que cumplieras los 18 años?)

- How many children do you have? (¿Cuántos hijos tiene?)

- What are their names? (¿Cuáles son sus nombres?)

- Where were your children born? (¿Dónde nacieron tus hijos?)

- Where do they currently live? (¿Dónde viven actualmente?)

- Is your child your biological child, stepchild, or adopted child? (¿Es su hijo su hijo biológico, hijastro o hijo adoptivo?)

- When are their birthdays? (¿Cuándo son sus cumpleaños?)

F. RELATIONSHIP HISTORY (HISTORIA DE RELACIONES)

- ¿Are you currently single, married, divorced, or widowed? (¿Actualmente es soltero, casado, divorciado o viudo?)

- What is the name of your current spouse? (¿Cuál es el nombre de su cónyuge actual?)

- When and where were you married? (¿Cuándo y dónde te casaste?)

- Is your spouse a U.S. citizen? (¿Es su cónyuge ciudadano estadounidense?)

- What is your spouse's country of citizenship or nationality? (¿Cuál es el país de ciudadanía o nacionalidad de su cónyuge?)

- When is your spouse's birthday? (¿Cuándo es el cumpleaños de su cónyuge?)

- Is your spouse in the military? (¿Está su cónyuge en el ejército?)

- What is your spouse's current job? (¿Cuál es el trabajo actual de su cónyuge?)

- Where does your spouse currently work? (¿Dónde trabaja actualmente su cónyuge?)

- How many times have you been married? (¿Cuántas veces has estado casado?)

- When did your previous marriage end? (¿Cuándo terminó su matrimonio anterior?)

- How many times has your spouse been married? (¿Cuántas veces se ha casado su cónyuge?)

- How did your spouse's marriage to their previous spouse end? (¿Cómo terminó el matrimonio de su cónyuge con su cónyuge anterior?)

G. MILITARY SERVICE (SERVICIO MILITAR)

- Have you ever served in the U.S. military? (¿Alguna vez sirvió en el ejército de los EE. UU.?)

- Have you ever left the United States to avoid being drafted into the military? (¿Alguna vez ha salido de Estados Unidos para evitar ser reclutado por el ejército?)

- Have you ever applied for an exemption from military service? (¿Ha solicitado alguna vez una exención del servicio militar?)

- Have you ever deserted from the military (left before discharge)? [¿Ha desertado alguna vez del ejército (se fue antes del alta)?]

- Have you lived in the United States or received your green card at any time between the ages of 18 and 26? If so, did you register for Selective Service? (if you are male) [¿Ha vivido en los Estados Unidos o recibido su tarjeta de residencia en algún momento entre las edades de 18 y 26? Si es así, ¿se registró en el Servicio Selectivo? (si eres hombre)]

- When did you register with Selective Service? (if you are male) [¿Cuán-do se registró en el Servicio Selectivo? (Si eres hombre)]

- Why didn't you register with Selective Service? (if you are male) [¿Por qué no se registró en el Servicio Selectivo? (Si eres hombre)]

H. IMMIGRATION STATUS (ESTADO DE INMIGRACIÓN)

- Are you a citizen of (name of your home country)? [¿Es ciudadano de (nombre de su país de origen)?]

- When were you approved for your green card (permanent residence)? [¿Cuándo fue aprobado para su tarjeta verde (residencia permanente)?]

- How long have you had your green card (permanent resident card)? [¿Cuánto tiempo ha tenido su tarjeta verde (tarjeta de residente permanente)?]

I. TRIPS ABROAD (VIAJES AL EXTRANJERO)

- How many times have you left the United States since you became a green card holder/permanent resident? (¿Cuántas veces ha salido de los Estados Unidos desde que se convirtió en titular de la tarjeta verde / residente permanente?)

- Did any of your trips abroad last six months or longer? (¿Alguno de sus viajes al extranjero duró seis meses o más?)

- What were the reasons you needed to take trips abroad? (¿Cuáles fueron las razones por las que necesitaba viajar al extranjero?)

- When was your last trip outside the United States? (¿Cuándo fue su último viaje fuera de Estados Unidos?)

- Which countries did you visit? (¿Qué países visitaste?)

- Do you remember the day you returned to the United States? (¿Recuerdas el día que regresaste a Estados Unidos?)

J. RESIDENTIAL HISTORY (HISTORIA RESIDENCIAL)

- Where do you currently live? (¿Dónde vives actualmente?)

- How long have you lived there? (¿Cuánto tiempo ha vivido allí?)

- Where else have you lived in the past five (or three) years? (¿Dónde más ha vivido en los últimos cinco (o tres) años?)

- When did you live there? (¿Cuándo viviste allí?)

K. EMPLOYMENT AND EDUCATION HISTORY (HISTORIAL DE EMPLEO Y EDUCACIÓN)

- Where do you currently work? (¿Dónde trabajas actualmente?)

- What is your current job? (¿Cuál es tu trabajo actual?)

- Where else have you worked in the past five (or three) years? (¿Dónde más ha trabajado en los últimos cinco (o tres) años?)

- When did you work there? (¿Cuándo trabajaste ahí?)

- Where did you last attend school? (¿Dónde fue la última vez que asistió a la escuela?)

- What is the name of your school? (¿Cuál es el nombre de tu escuela?)

- When did you attend that school? (¿Cuándo asistió a esa escuela?

L. INCOME TAX OBLIGATIONS (OBLIGACIONES DEL IMPUESTO SOBRE LA RENTA)

- Have you ever not filed an income tax return since becoming a green card holder? If yes, did you consider yourself a "non-resident" of the United States? (¿No ha presentado alguna vez una declaración de impuestos sobre la renta desde que se convirtió en titular de la tarjeta verde? En caso afirmativo, ¿se consideró un "no residente" de los Estados Unidos?)

- Have you ever claimed to be a "non-resident" on a federal, state, or local income tax return since becoming a green card holder? (¿Alguna vez ha afirmado ser un "no residente" en una declaración de impuestos sobre la renta federal, estatal o local desde que se convirtió en titular de la tarjeta verde?)

- Do you owe any taxes to the federal government or to a state or local government? (¿Debe impuestos al gobierno federal o al gobierno estatal o local?)

M. PERSONAL ETHICS (ÉTICA PERSONAL)

- Have you ever claimed to be a U.S. citizen? (¿Alguna vez ha afirmado ser ciudadano estadounidense?)

- Have you ever voted or registered to vote in a federal, state, or local election in the United States? (¿Alguna vez votó o se registró para votar en una elección federal, estatal o local en los Estados Unidos?)

- Have you ever attacked, discriminated against, or denied the rights of another person because of their nationality, race, religious beliefs, membership in a particular social group, or political opinion? (¿Alguna vez ha atacado, discriminado o negado los derechos de otra persona por su nacionalidad, raza, creencias religiosas, pertenencia a un grupo social en particular u opinión política?)

- Do you support the U.S. Constitution and the U.S. government? (¿Apoya la Constitución de Estados Unidos y el gobierno de Estados Unidos?)

- Will you obey the laws of the United States? (¿Obedecerás las leyes de los Estados Unidos?)

- Do you understand and are you willing to take the Oath of Allegiance to the United States? (¿Entiende y está dispuesto a prestar el juramento de lealtad a los Estados Unidos?)

- If necessary, would you be willing to defend the United States in a war? (Si fuera necesario, ¿estaría dispuesto a defender a Estados Unidos en una guerra?)

- If necessary, would you be willing to perform noncombatant (civilian) services in the U.S. military or work of national importance in a civilian capacity? (Si fuera necesario, ¿estaría dispuesto a realizar servicios de no combatientes (civiles) en el ejército de los Estados Unidos o trabajo de importancia nacional en calidad de civil?)

N. QUESTIONS ABOUT YOUR AFFILIATIONS WITH OR MEMBERSHIPS IN CERTAIN ORGANIZATIONS (PREGUNTAS SOBRE SUS AFILIACIONES O

MEMBRESÍAS EN DETERMINADAS
ORGANIZACIONES)

- Have you ever been a member of nobility in any
country other than the United States? If so, would you
be willing to give up your title of nobility upon
swearing your allegiance to the United States?
(¿Alguna vez ha sido miembro de la nobleza en algún
país que no sea Estados Unidos? Si es así, ¿estaría
dispuesto a renunciar a su título de nobleza al jurar
lealtad a los Estados Unidos?)

- Have you ever been associated with or a member of
any organization, association, fund foundation, party,
club, or similar group anywhere in the world? (If you
answer "yes," you may also be asked to the name the
group, its purpose, and when you were involved.)
[¿Alguna vez ha estado asociado o miembro de alguna
organización, asociación, fundación de fondos, partido,
club o grupo similar en cualquier parte del mundo? (Si
responde "sí", es posible que también se le pida que
nombre el grupo, su propósito y cuándo participó).]

- Have you ever been associated with or a member of
the Communist Party, the Nazi Party, or a terrorist
organization? (¿Alguna vez ha sido asociado o
miembro del Partido Comunista, el Partido Nazi o una
organización terrorista?)

O. PREGUNTAS SOBRE ASUNTOS LEGALES

Las preguntas relacionadas con cuestiones legales son demasiado numerosas para enumerarlas en esta guía, pero incluyen, por ejemplo, preguntas relacionadas con:

- Cualquier arresto, citación, cargos, condenas y encarcelamiento anteriores.

- Participación en grupos policiales, rebeldes o de vigilantes.

- Violaciones de inmigración (como entrada o presencia ilegal o permanencia excesiva).

- Sus respuestas a estas preguntas se utilizan para determinar si ha cumplido con el requisito de naturalización de "buen carácter moral".

P. OTHER POSSIBLE QUESTIONS (OTRAS POSIBLES PREGUNTAS)

- Do you understand why you are being interviewed? (¿Entiende por qué le están entrevistando?)

- Why do you want to become a U.S. citizen? (¿Por qué quiere convertir-se en ciudadano estadounidense?)

- Have you ever been declared legally incompetent or been confined to a mental institution? (¿Alguna vez ha sido declarado legalmente incompetente o ha sido internado en una institución mental?)

La Prueba de Ciudadanía estadounidense

ACTUALIZACIÓN IMPORTANTE: Actualizaciones importantes sobre la versión 2020 del examen de educación cívica A partir del 19 de abril de 2021, USCIS administrará solo el examen de educación cívica de 2008 a los solicitantes del Formulario N-400 en su cita de entrevista inicial, independientemente de su fecha de presentación. USCIS ya no ofrecerá el examen de educación cívica de 2020 en la entrevista inicial, pero aún proporcionará materiales de estudio para la prueba de 2020 para aquellos solicitantes que sean elegibles para escoger entre la prueba de educación cívica de 2008 o 2020 para su reexamen o la audiencia de N-336.

Como parte del proceso de naturalización, los solicitantes de ciudadanía estadounidense deben aprobar una prueba de naturalización de dos partes. El primer componente es una prueba de inglés que evalúa la capacidad del solicitante para leer, escribir y hablar en el idioma. El segundo, una prueba de educación cívica, evalúa el conocimiento del solicitante sobre la historia y el gobierno de los Estados Unidos. La mayoría de los solicitantes de naturalización deben tomar ambos componentes del examen, pero algunos solicitantes pueden ser elegibles para una exención según su edad y tiempo como titular de la tarjeta de residencia o ciertas afecciones médicas. Cada solicitante tiene dos oportunidades para realizar el examen, que generalmente se realiza el mismo día que la entrevista de ciudadanía. En esta guía, discutiremos qué grupos específicos de solicitantes están exentos del examen, que tipo de preguntas anticipar, como prepararse y que esperar después de completar este importante paso del proceso de naturalización.

Que esperar

Es importante hacer lo mejor que pueda en el examen de naturalización (también conocido como "prueba de ciudadanía"). Pero lo más importante, ¡no se deje intimidar! Con suficiente preparación, debe desempeñarse tiene dos oportunidades para aprobar, por lo que cuanto más estudie para el examen, antes podrá comenzar su vida como ciudadano estadounidense.

Esto es lo que puede esperar de cada sección de la prueba:

Componente inglés

El examen de inglés constará de tres partes: una prueba de expresión oral, una prueba de lectura y una prueba de escritura. Las pruebas de lectura y escritura se realizarán usando una tableta digital, que un oficial de inmigración le mostrará cómo usar antes de comenzar. Aunque es útil tener una pronunciación impecable en inglés y excelentes habilidades de ortografía y gramática, está bien si no eres perfecto en algunas de estas áreas.

El examen de inglés usa gramática y vocabulario básicos, y los oficiales de inmigración que administran el examen esperan que la mayoría de las personas cometan errores comunes. Mientras realiza el examen, no dude en pedirle al oficial de inmigración que le aclare algunas preguntas. Se les indica que repitan ciertas palabras o reformulen las preguntas cuando usted lo solicite.

A. Prueba oral

Para esta parte del examen de inglés, el oficial de inmigración le hará preguntas específicas sobre su solicitud de ciudadanía y su elegibilidad, con el fin de evaluar su capacidad para hablar y comprender el idioma. No se espera que comprenda cada palabra o frase en su solicitud. Es una buena idea revisar las respuestas en su solicitud antes de asistir a su cita de examen.

B. Prueba de lectura

Durante la prueba de lectura, se le entregará una tableta digital. Aparecerá una oración en la tableta y el oficial de inmigración le pedirá que la lea en voz alta. Hasta que haya leído una con éxito, se le pedirá que lea tres oraciones en total.

Es importante evitar pausas extensas mientras lee en voz alta. Por lo general, se le permitirá omitir palabras cortas, pronunciar mal algunas palabras o usar una entonación no estándar (el aumento y descenso de la voz de una persona). No puede usar una palabra con la que esté familiarizado en lugar de una palabra real en la oración. Lo importante es transmitirle al oficial de inmigración que comprende el significado de la oración.

C. Examen de escritura

Para completar con éxito esta parte del examen de inglés, debe escribir correctamente una de cada tres oraciones mientras el oficial de inmigración le lee cada oración en voz alta. Utilizará un lápiz óptico para escribir cada oración en una tableta digital. (Un lápiz es una herramienta similar a un lápiz que se usa para dibujar líneas en la superficie de la pantalla táctil de un dispositivo digital).

Por lo general, se le permitirá escribir mal algunas palabras y cometer algunos errores gramaticales, de uso de mayúsculas o de puntuación. Puede deletrear números (en el mismo ejemplo, "catorce") o escribir el número (por ejemplo, "14"). Sin embargo, no debe abreviar (utilizar una forma más corta) de ninguna palabra. También debe escribir de forma legible. El oficial de inmigración continuará con la siguiente oración hasta que haya escrito una correctamente.

Componente cívico

Para aprobar este componente de la prueba de ciudadanía, debe poder demostrar suficiente conocimiento y comprensión de la historia y el gobierno de los EE. UU., respondiendo correctamente al menos seis de cada 10 preguntas. El oficial de inmigración seleccionará al azar las preguntas, se las leerá en voz alta y detendrá la prueba una vez que haya dado la respuesta correcta a las seis preguntas. Se le permitirá formular sus respuestas de cualquier manera siempre que sean correctas.

Debe estudiar las 100 preguntas de la lista, a menos que tenga 65 años o más, en cuyo caso deberá estudiar solo las 20 preguntas marcadas con un asterisco **(*)**.

Más de la mitad de las preguntas son sobre el gobierno de Estados Unidos; el resto trata sobre la historia de Estados Unidos. Para algunas preguntas, las respuestas se proporcionarán en los materiales de estudio.

A. Cómo prepararte

Estudiar adecuadamente para la prueba de naturalización es fundamental para lograr con éxito la ciudadanía estadounidense.

Para ayudarlo a prepararse, USCIS proporciona materiales de estudio para cada componente del examen, incluido el examen de inglés y el examen de educación cívica.

Puede seguir estos consejos útiles que le ayudarán a sobresalir en su examen:

Empiece a estudiar ahora. Esto puede parecer obvio, pero cuanto antes comience a familiarizarse con las preguntas y respuestas del examen de ciudadanía, más tiempo tendrá para aprender y memorizar la información. Comenzar temprano también le dará más oportunidades para trabajar en áreas particulares de debilidad.

Leer libros para niños. Gran parte del vocabulario utilizado en la prueba de inglés serán palabras simples que se encuentran en libros para niños. Leer libros para niños puede ayudarlo a familiarizarse con las palabras básicas en inglés y cómo se usan en una oración.

Mira y escucha. Si eres un aprendiz visual (una persona que aprende mejor observando) o un aprendiz auditivo (alguien que aprende mejor escuchando), es posible que los materiales de estudio de video y audio sean más atractivos y efectivos para el aprendizaje.

Pedir ayuda. Algunas personas aprenden mejor cuando pueden practicar lo que han estudiado con otros. Si se siente más cómodo con este método de aprendizaje, es posible que desee contar con la ayuda de un amigo o familiar, especialmente uno que sea competente en inglés hablado, para que pueda ayudarle con la pronunciación.

Tampoco tienen que ser expertos en educación cívica, ya que la mayoría de las respuestas a las preguntas de educación cívica se proporcionarán en los materiales de estudio, ¡aunque el conocimiento previo ciertamente ayuda! Pídales que le hagan una prueba de vez en cuando, para asegurarse de que ha retenido lo que ha aprendido.

Toma las pruebas de práctica. Es probable que se sienta más seguro el día de su examen real si sabe qué esperar. Por eso es importante tomar los exámenes de práctica proporcionados por USCIS que simulan los exámenes reales.

Ve más despacio. Si se siente abrumado fácilmente por una gran cantidad de información, o si simplemente no tiene mucho tiempo disponible, puede que le resulte más fácil estudiar pequeñas cantidades del material a la vez y desarrollar gradualmente lo que ya sabe.

Por ejemplo, puede concentrarse solo en los nombres de los días festivos hasta que domine su ortografía. Al día siguiente, puede agregar otra categoría de palabras (verbos, por ejemplo) y así sucesivamente hasta que se sienta cómodo con la lista completa.

Agrupe las preguntas. Mientras estudia, puede resultarle útil estudiar palabras o preguntas que estén relacionadas entre sí. La investigación científica nos dice que las personas recuerdan mejor cierta información cuando la estudian en fragmentos más pequeños y relacionados. Por ejemplo, cuando está memorizando la ortografía del "Día de los Presidentes", el siguiente término de vocabulario en el que podría concentrarse podría ser "Acción de Gracias", también un día festivo.

Como otro ejemplo, cuando intentas recordar la respuesta de "Elegimos un presidente para cuántos años" (respuesta: cuatro), entonces podría estudiar la respuesta de "¿En qué mes votamos por presidente?" (respuesta: noviembre).

Ambas cuestiones cívicas están relacionadas con la presidencia de Estados Unidos. Convenientemente, las palabras de vocabulario y las preguntas sobre educación cívica ya están agrupadas por categoría en muchos de los materiales de estudio de USCIS.

B. ¿Qué sigue?

Una vez que haya completado su prueba de ciudadanía, puede esperar recibir noticias de los Servicios de Ciudadanía e Inmigración de los Estados Unidos (USCIS) sobre los resultados el mismo día. Esto es lo que puede esperar que suceda después, según los resultados de su examen:

- Si pasaste

¡Felicidades! Casi ha terminado con el proceso de naturalización.

- Si no pasaste

Podrá volver a tomar el examen completo (o solo la parte que no aprobó), pero las preguntas del segundo examen serán diferentes de las del primero. USCIS programará su reexamen, que generalmente tendrá lugar entre 60 y 90 días (dos o tres meses) a partir de la fecha de su primera cita para el examen.

1. Si no se presenta para un nuevo examen

A menos que USCIS le exima de asistir a su cita de nuevo examen, por ejemplo, si fue hospitalizado, no debe faltar a su segunda cita de examen. De lo contrario, USCIS considerará su ausencia como un intento fallido y su solicitud de ciudadanía estadounidense será denegada.

2. *Si no aprueba el examen*

USCIS negará su solicitud de naturalización. Tendrá la oportunidad de apelar la denegación escribiendo a USCIS dentro de los 30 días posteriores a la recepción de la carta indicando su decisión.

Si conceden su solicitud, USCIS programará una audiencia dentro de los 180 días posteriores a la recepción de su solicitud. Durante la audiencia, un oficial de USCIS lo volverá a evaluar en la parte del examen que no aprobó en su segundo intento.

100 Preguntas y Respuestas
oficiales de USCIS en Ingles y Español

En esta sección, encontrará la lista completa de 100 preguntas y respuestas de educación cívica para la versión 2008 del examen de educación cívica en inglés y español. Si califica para la consideración especial 65/20, puede estudiar solo las preguntas con un asterisco que se encuentran al final de cada pregunta en la lista completa de 100 preguntas anterior. Los recursos para las preguntas 65/20 en inglés y español también se pueden encontrar a continuación.

AMERICAN GOVERNMENT
GOBIERNO ESTADOUNIDENSE

A: Principios de la democracia estadounidense/ Principles of American Democracy

1. ¿Cuál es la ley suprema de la nación? /What is the supreme law of the land?

   - la Constitución/ the Constitution

2. ¿Qué hace la Constitución? / What does the Constitution do?

   - establece el gobierno / sets up the government

   - define el gobierno/ defines the government

- protege los derechos básicos de los ciudadanos estadounidenses/protects basic rights of Americans

3. Las primeras tres palabras de la Constitución contienen la idea del autogobierno (de que el pueblo se gobierna a sí mismo). ¿Cuáles son estas palabras? / The idea of self-government is in the first three words of the Constitution. What are these words?

- Nosotros, el pueblo / We the People

4. ¿Qué es una enmienda? / What is an amendment?

- un cambio (a la Constitución) / a change (to the Constitution)

- una adición (a la Constitución) /an addition (to the Constitution)

5. ¿Con qué nombre se conocen las primeras diez enmiendas a la Constitución? / What do we call the first ten amendments to the Constitution?

- la Carta de Derechos / the Bill of Rights

6. **¿Cuál es un derecho o libertad que la Primera Enmienda garantiza? * / What is one right or freedom from the First Amendment? ***

- expresión / speech

- religión / religion

- reunión / assembly

- prensa / press

- peticionar al gobierno / petition the government

7. ¿Cuántas enmiendas tiene la Constitución? / How many amendments does the Constitution have?

    - veintisiete (27) / twenty-seven (27)

8. ¿Qué hizo la Declaración de Independencia? / What did the Declaration of Independence do?

    - anunció nuestra independencia (de Gran Bretaña) / announced our independence (from Great Britain)

    - declaró nuestra independencia (de Gran Bretaña) / declared our independence (from Great Britain)

    - dijo que los Estados Unidos se independizó (de Gran Bretaña) / said that the United States is free (from Great Britain)

9. ¿Cuáles son dos derechos en la Declaración de la Independencia? / What are two rights in the Declaration of Independence?

    - la vida / life

    - la libertad / liberty

    - la búsqueda de la felicidad / pursuit of happiness

10. ¿En qué consiste la libertad de religión? / What is freedom of religion?

    - Se puede practicar cualquier religión o no practicar ninguna. / You can practice any religion, or not practice a religion

11. **¿Cuál es el sistema económico de los Estados Unidos? * / What is the economic system in the United States? ***

- economía capitalista / capitalist economy

- economía de mercado / market economy

12. ¿En qué consiste el "estado de derecho" (ley y orden)? / What is the "rule of law"?

- Todos deben obedecer la ley / Everyone must follow the law.

- Los líderes deben obedecer la ley / Leaders must obey the law

- El gobierno debe obedecer la ley / Government must obey the law.

- Nadie está por encima de la ley / No one is above the law.

B: SISTEMA DE GOBIERNO / SYSTEM OF GOVERNMENT

13. **Nombre una rama o parte del gobierno. * / Name one branch or part of the government. ***

- Congreso / Congress

- Poder legislativo / legislative

- Presidente / President

- Poder ejecutivo / executive

- Los tribunales / the courts

- Poder judicial / judicial

14. ¿Qué es lo que evita que una rama del gobierno se vuelva demasiado poderosa? / What stops one branch of government from becoming too powerful?

    - pesos y contrapesos / checks and balances

    - separación de poderes / separation of powers

15. 15. ¿Quién está a cargo de la rama ejecutiva? / Who is in charge of the executive branch?

    - el Presidente / the President

16. 16. ¿Quién crea las leyes federales? / Who makes federal laws?

    - el Congreso / Congress

    - el Senado y la Cámara (de Representantes) / Senate and House (of Representatives)
    - la legislatura (nacional o de los Estados Unidos) / (U.S. or national) legislatura

17. **¿Cuáles son las dos partes que integran el Congreso de los Estados Unidos? * / What are the two parts of the U.S. Congress? ***

    - el Senado y la Cámara (de Representantes) / the Senate and House (of Representatives)

18. ¿Cuántos senadores de los Estados Unidos hay? / How many U.S. Senators are there?

    - cien (100) / one hundred (100)

19. ¿De cuántos años es el término de elección de un senador de los Estados Unidos? / We elect a U.S. Senator for how many years?

- seis (6) / six (6)

20. Nombre a uno de los senadores actuales del estado donde usted vive. * / Who is one of your state's U.S. Senators now? *

- Las respuestas variarán. [Los residentes del Distrito de Columbia y los territorios de los Estados Unidos deberán contestar que D.C. (o territorio en donde vive el solicitante) no cuenta con senadores a nivel nacional]. / Answers will vary. [District of Columbia residents and residents of U.S. territories should answer that D.C. (or the territory where the applicant lives) has no U.S. Senators.]

21. ¿Cuántos miembros votantes tiene la Cámara de Representantes? / The House of Representatives has how many voting members?

- cuatrocientos treinta y cinco (435) / four hundred thirty-five (435)

22. ¿De cuántos años es el término de elección de un representante de los Estados Unidos? / We elect a U.S. Representative for how many years?

- dos (2) / two (2)

23. Dé el nombre de su representante a nivel nacional. / Name your U.S. Representative.
  - Las respuestas variarán. [Los residentes de territorios con delegados no votantes o los comisionados residentes pueden decir el nombre de dicho delegado o comisionado. Una respuesta que indica que el territorio no tiene representantes

votantes en el Congreso también es aceptable]. / Answers will vary. [Residents of territories with nonvoting Delegates or Resident Commissioners may provide the name of that Delegate or Commissioner. Also acceptable is any statement that the territory has no (voting) Representatives in Congress.]

24. 24. ¿A quiénes representa un senador de los Estados Unidos? / Who does a U.S. Senator represent?

- a todas las personas del estado / all people of the state

25. ¿Por qué tienen algunos estados más representantes que otros? / Why do some states have more Representatives than other states?

- (debido a) la población del estado / (because of) the state's population

- (debido a que) tienen más gente / (because) they have more people

- (debido a que) algunos estados tienen más gente / (because) some states have more people

26. ¿De cuántos años es el término de elección de un presidente? / We elect a President for how many years?

- cuatro (4) / four (4)

27. **¿En qué mes votamos por un nuevo presidente? * / In what month do we vote for President? ***

- noviembre / November

28. **¿Cómo se llama el actual Presidente de los Estados Unidos? * / What is the name of the President of the United States now? ***

- Visite uscis.gov/es/ciudadania/actualizacionesalexamen para saber el nombre del Presidente de Estados Unidos. / Visit uscis.gov/citizenship/testupdates for the name of the President of the United States.

- Joseph R. Biden, Jr.

- Joe Biden

- Biden

29. ¿Cómo se llama el actual Vicepresidente de los Estados Unidos? / What is the name of the Vice President of the United States now?

- Visite uscis.gov/es/ciudadania/actualizacionesalexamen para saber el nombre del Vicepresidente de Estados Unidos. / Visit uscis.gov/citizenship/testupdates for the name of the Vice President of the United States.

- Kamala D. Harris

- Kamala Harris

- Harris

30. Si el Presidente ya no puede cumplir sus funciones, ¿quién se convierte en Presidente? / If the President can no longer serve, who becomes President?

- el Vicepresidente / the Vice President

31. Si tanto el Presidente como el Vicepresidente ya no pueden cumplir sus funciones, ¿quién se convierte en Presidente? / If both the

President and the Vice President can no longer serve, who becomes President?

- el Presidente de la Cámara de Representantes / the Speaker of the House

32. ¿Quién es el Comandante en Jefe de las Fuerzas Armadas? / Who is the Commander in Chief of the military?

- el Presidente / the President

33. ¿Quién firma los proyectos de ley para convertirlos en ley? / Who signs bills to become laws?

- el Presidente / the President

34. ¿Quién veta los proyectos de ley? / Who vetoes bills?

- el Presidente / the President

35. ¿Qué hace el Gabinete del Presidente? / What does the President's Cabinet do?

- asesora al Presidente / advises the President

36. ¿Cuáles son dos puestos a nivel de gabinete? / What are two Cabinet-level positions?

- Secretario de Agricultura / Secretary of Agriculture

- Secretario de Comercio / Secretary of Commerce

- Secretario de Defensa / Secretary of Defense

- Secretario de Educación / Secretary of Education

- Secretario de Energía / Secretary of Energy

- Secretario de Salud y Servicios Humanos / Secretary of Health and Human Services

- Secretario de Seguridad Nacional /   Secretary of Homeland Security

- Secretario de Vivienda y Desarrollo Urbano / Secretary of Housing and Urban Development

- Secretario del Interior / Secretary of the Interior

- Secretario del Trabajo / Secretary of Labor

- Secretario de Estado / Secretary of State

- Secretario de Transporte / Secretary of Transportation

- Secretario del Tesoro / Secretary of the Treasury

- Secretario de Asuntos de los Veteranos / Secretary of Veterans Affairs

- Procurador General / Attorney General

- Vicepresidente / Vice President

37. ¿Qué hace la rama judicial? / What does the judicial branch do?

- revisa las leyes / reviews laws

- explica las leyes / explains laws

- resuelve disputas (desacuerdos) / resolves disputes (disagreements)

- decide si una ley va en contra de la Constitución / decides if a law goes against the Constitution

38. ¿Cuál es el tribunal más alto de los Estados Unidos? / What is the highest court in the United States?

- la Corte Suprema / the Supreme Court

39. ¿Cuántos jueces hay en la Corte Suprema? / How many justices are on the Supreme Court?
- Visite uscis.gov/es/ciudadania/actualizacionesalexamen para saber el número de jueces en la Corte Suprema. / Visit uscis.gov/citizenship/testupdates for the number of justices on the Supreme Court.

- Nueve (9)

40. ¿Quién es el presidente actual de la Corte Suprema de los Estados Unidos? / Who is the Chief Justice of the United States now?

- Visite uscis.gov/es/ciudadania/actualizacionesalexamen para saber el nombre del Presidente del Tribunal Supremo de Estados Unidos. / Visit uscis.gov/citizenship/testupdates for the name of the Chief Justice of the United States.

- John Roberts
- John G. Roberts, Jr.

41. De acuerdo con nuestra Constitución, algunos poderes pertenecen al gobierno federal. ¿Cuál es un poder del gobierno federal? / Under our Constitution, some powers belong to the federal government. What is one power of the federal government?

- imprimir dinero / to print money

- declarar la guerra / to declare war

- crear un ejército / to create an army

- suscribir tratados / to make treaties

42. De acuerdo con nuestra Constitución, algunos poderes pertenecen a los estados. ¿Cuál es un poder de los estados? / Under our Constitution, some powers belong to the states. What is one power of the states?

- proveer escuelas y educación / provide schooling and education

- proveer protección (policía) / provide protection (police)

- proveer seguridad (cuerpos de bomberos) / provide safety (fire departments)

- conceder licencias de conducir / give a driver's license

- aprobar la zonificación y uso de la tierra / approve zoning and land use

43. ¿Quién es el gobernador actual de su estado? / Who is the Governor of your state now?

- Las respuestas variarán. [Los residentes del Distrito de Columbia deben decir "no tenemos gobernador"]. / Answers will vary. [District of Columbia residents should answer that D.C. does not have a Governor.]

44. ¿Cuál es la capital de su estado? * / What is the capital of your state? *

- Las respuestas variarán. [Los residentes del Distrito de Columbia deben contestar que el D.C. no es estado y que no tiene capital. Los residentes de los territorios de los Estados

Unidos deben dar el nombre de la capital del territorio]. / Answers will vary. [District of Columbia residents should answer that D.C. is not a state and does not have a capital. Residents of U.S. territories should name the capital of the territory.]

45. ¿Cuáles son los dos principales partidos políticos de los Estados Unidos? * / What are the two major political parties in the United States? *

- Demócrata y Republicano / Democratic and Republican

46. ¿Cuál es el partido político del Presidente actual? / What is the political party of the President now?

- Visite uscis.gov/es/ciudadania/actualizacionesalexamen para saber el partido político al que pertenece el Presidente de Estados Unidos. / Visit uscis.gov/citizenship/testupdates for the political party of the President.

- Partido Democrático.

47. ¿Cómo se llama el Presidente actual de la Cámara de Representantes? / What is the name of the Speaker of the House of Representatives now?

- Visite uscis.gov/es/ciudadania/actualizacionesalexamen para saber el nombre del Portavoz de la Cámara de Representantes. / Visit uscis.gov/citizenship/testupdates for the name of the Speaker of the House of Representatives

- Nancy Pelosi

- Pelosi

C: DERECHOS Y RESPONSABILIDADES

48. Existen cuatro enmiendas a la Constitución sobre quién puede votar. Describa una de ellas. / There are four amendments to the Constitution about who can vote. Describe one of them.

   - Ciudadanos de dieciocho (18) años en adelante (pueden votar). / Citizens eighteen (18) and older (can vote).

   - No se exige pagar un impuesto para votar (el impuesto para acudir a las urnas o "poll tax" en inglés). / You don't have to pay (a poll tax) to vote.

   - Cualquier ciudadano puede votar. (Tanto mujeres como hombres pueden votar). / Any citizen can vote. (Women and men can vote.)

   - Un hombre ciudadano de cualquier raza (puede votar). / A male citizen of any race (can vote).

49. **¿Cuál es una responsabilidad que corresponde sólo a los ciudadanos de los Estados Unidos? * / What is one responsibility that is only for United States citizens? ***

   - prestar servicio en un jurado / serve on a jury

   - votar en una elección federal / vote in a federal election

50. ¿Cuál es un derecho que pueden ejercer sólo los ciudadanos de los Estados Unidos? / Name one right only for United States citizens

- votar en una elección federal / vote in a federal election

- postularse a un cargo político federal / run for federal office

51. ¿Cuáles son dos derechos que pueden ejercer todas las personas que viven en los Estados Unidos? / What are two rights of everyone living in the United States?

- libertad de expresión / freedom of expression

- libertad de la palabra / freedom of speech

- libertad de reunión / freedom of assembly

- libertad para peticionar al gobierno / freedom to petition the government

- libertad de religión / freedom of religion

- derecho a portar armas / the right to bear arms

52. ¿A qué demostramos nuestra lealtad cuando decimos el Juramento de Lealtad? / What do we show loyalty to when we say the Pledge of Allegiance?

- a los Estados Unidos / the United States

- a la bandera / the flag

53. ¿Cuál es una promesa que usted hace cuando se convierte en ciudadano de los Estados Unidos? / What is one promise you make when you become a United States citizen?

- renunciar a la lealtad a otros países / give up loyalty to other countries

- defender la Constitución y las leyes de los Estados Unidos / defend the Constitution and laws of the United States

- obedecer las leyes de los Estados Unidos / obey the laws of the United States

- prestar servicio en las Fuerzas Armadas de los Estados Unidos (de ser necesario) / serve in the U.S. military (if needed)

- prestar servicio a (realizar trabajo importante para) la nación (de ser necesario) / serve (do important work for) the nation (if needed)

- ser leal a los Estados Unidos / be loyal to the United States

54. ¿Cuántos años deben tener los ciudadanos para votar por el Presidente? * / How old do citizens have to be to vote for President? *

- dieciocho (18) años en adelante / eighteen (18) and older

55. ¿Cuáles son dos maneras mediante las cuales los ciudadanos americanos pueden participar en su democracia? / What are two ways that Americans can participate in their democracy?

- votar / vote

- afiliarse a un partido político / join a political party

- ayudar en una campaña / help with a campaign

- unirse a un grupo cívico / join a civic group

- unirse a un grupo comunitario / join a community group

- compartir su opinión acerca de un asunto con un oficial electo / give an elected official your opinion on an issue

- llamar a los senadores y representantes / call Senators and Representatives

- apoyar u oponerse públicamente a un asunto o política / publicly support or oppose an issue or policy

- postularse a un cargo político / run for office

- enviar una carta o mensaje a un periódico / write to a newspaper

56. ¿Cuál es la fecha límite para enviar la declaración federal de impuestos sobre ingresos? * / When is the last day you can send in federal income tax forms? *

- el 15 de abril / April 15

57. ¿Cuándo deben inscribirse todos los hombres en el Servicio Selectivo? / When must all men register for the Selective Service?

- a la edad de dieciocho (18) años / at age eighteen (18)

- entre los dieciocho (18) y veintiséis (26) años / between eighteen (18) and twenty-six (26)

HISTORIA ESTADOUNIDENSE

A: ÉPOCA COLONIAL E INDEPENDENCIA

58. ¿Cuál es una razón por la que los colonos vinieron a América? / What is one reason colonists came to America?

- libertad / freedom

- libertad política / political liberty

- libertad religiosa / religious freedom

- oportunidad económica / economic opportunity

- para practicar su religión / practice their religion

- para huir de la persecución / escape persecution

59. ¿Quiénes vivían en lo que hoy conocemos como los Estados Unidos antes de la llegada de los europeos? / Who lived in America before the Europeans arrived?

- Indios americanos / American Indians

- Nativos americanos / Native Americans

60. ¿Qué grupo de personas fue traído a los Estados Unidos y vendidos como esclavos? / What group of people was taken to America and sold as slaves?

- Africanos / Africans

- gente de África / people from Africa

61. ¿Por qué lucharon los colonos contra los británicos? / Why did the colonists fight the British?

- debido a los impuestos altos (impuestos sin representación) / because of high taxes (taxation without representation)

- el ejército británico estaba en sus casas (alojándose, acuartelándose) / because the British army stayed in their houses (boarding, quartering

- porque no tenían gobierno propio / because they didn't have self-government

62. ¿Quién escribió la Declaración de Independencia? / Who wrote the Declaration of Independence?

- (Thomas) Jefferson / (Thomas) Jefferson

63. ¿Cuándo fue adoptada la Declaración de Independencia? / When was the Declaration of Independence adopted?

- el 4 de julio de 1776 / July 4, 1776

64. Había 13 estados originales. Nombre tres. / There were 13 original states. Name three.

- Nueva Hampshire / New Hampshire

- Massachusetts / Massachusetts

- Rhode Island / Rhode Island

- Connecticut / Connecticut

- Nueva York / New York

- Nueva Jersey / New Jersey

- Pensilvania / Pennsylvania

- Delaware / Delaware

- Maryland / Maryland

- Virginia / Virginia

- Carolina del Norte / North Carolina

- Carolina del Sur / South Carolina

- Georgia / Georgia

65. ¿Qué ocurrió en la Convención Constitucional? / What happened at the Constitutional Convention?

- Se redactó la Constitución. / The Constitution was written.

- Los Padres Fundadores redactaron la Constitución. / The Founding Fathers wrote the Constitution.

66. ¿Cuándo fue redactada la Constitución? / When was the Constitution written?

- 1787 / 1787

67. Los escritos conocidos como "Los Documentos Federalistas" respaldaron la aprobación de la Constitución de los Estados Unidos. Nombre uno de sus autores. / The Federalist Papers supported the passage of the U.S. Constitution. Name one of the writers.

- (James) Madison / (James) Madison

- (Alexander) Hamilton / (Alexander) Hamilton

- (John) Jay / (John) Jay

- Publius / Publius

68. Mencione una razón por la que es famoso Benjamin Franklin. / What is one thing Benjamin Franklin is famous for?

- diplomático americano / U.S. diplomat

- el miembro de mayor edad de la Convención Constitucional / oldest member of the Constitutional Convention

- primer Director General de Correos de Estados Unidos / first Postmaster General of the United States

- autor de "Poor Richard's Almanac" (Almanaque del Pobre Richard) / writer of "Poor Richard's Almanac"

- fundó las primeras bibliotecas gratuitas / started the first free libraries

69. ¿Quién se conoce como el "Padre de Nuestra Nación"? / Who is the "Father of Our Country"?

- (George) Washington / (George) Washington

70. **¿Quién fue el primer Presidente? * / Who was the first President? ***

- (George) Washington / (George) Washington

B: Los años 1800

71. ¿Qué territorio compró Estados Unidos a Francia en 1803? / What territory did the United States buy from France in 1803?

- el territorio de Louisiana / the Louisiana Territory

- Louisiana / Louisiana

72. Mencione una guerra en la que peleó los Estados Unidos durante los años 1800. / Name one war fought by the United States in the 1800s.

- la Guerra de 1812 / War of 1812

- la Guerra entre México y los Estados Unidos / Mexican-American War

- la Guerra Civil / Civil War

- la Guerra Hispano-Estadounidense (Hispanoamericana) / Spanish-American War

73. Dé el nombre de la guerra entre el Norte y el Sur de los Estados Unidos. / Name the U.S. war between the North and the South.

- la Guerra Civil / the Civil War

- la Guerra entre los Estados / the War between the States

74. Mencione un problema que condujo a la Guerra Civil. / Name one problem that led to the Civil War.

- esclavitud / slavery

- razones económicas / economic reasons

- derechos de los estados / states' rights

75. ¿Cuál fue una cosa importante que hizo Abraham Lincoln? * / What was one important thing that Abraham Lincoln did? *

- liberó a los esclavos (Proclamación de la Emancipación) / freed the slaves (Emancipation Proclamation)

- salvó (o preservó) la Unión / saved (or preserved) the Union

- presidió los Estados Unidos durante la Guerra Civil / led the United States during the Civil War

76. ¿Qué hizo la Proclamación de la Emancipación? / What did the Emancipation Proclamation do?

- liberó a los esclavos / freed the slaves

- liberó a los esclavos de la Confederación / freed slaves in the Confederacy

- liberó a los esclavos en los estados de la Confederación / freed slaves in the Confederate states

- liberó a los esclavos en la mayoría de los estados del sur / freed slaves in most Southern states

77. ¿Qué hizo Susan B. Anthony? / What did Susan B. Anthony do?

- luchó por los derechos de la mujer / fought for women's rights

- luchó por los derechos civiles / fought for civil rights

C: Historia estadounidense reciente y otra información histórica importante

78. Mencione una guerra durante los años 1900 en la que peleó los Estados Unidos. * / Name one war fought by the United States in the 1900s.*

- la Primera Guerra Mundial / World War I

- la Segunda Guerra Mundial / World War II

- la Guerra de Corea / Korean War

- la Guerra de Vietnam / Vietnam War

- la Guerra del Golfo (Pérsico) / (Persian) Gulf War

79. ¿Quién era el presidente durante la Primera Guerra Mundial? / Who was President during World War I?

- (Woodrow) Wilson / (Woodrow) Wilson

80. ¿Quién era presidente durante la Gran Depresión y la Segunda Guerra Mundial? / Who was President during the Great Depression and World War II?

- (Franklin) Roosevelt / (Franklin) Roosevelt

81. ¿Contra qué países peleó Estados Unidos en la Segunda Guerra Mundial? / Who did the United States fight in World War II?

- Japón, Alemania e Italia / Japan, Germany, and Italy

82. Antes de ser presidente, Eisenhower era general. ¿En qué guerra participó? / Before he was President, Eisenhower was a general. What war was he in?

- Segunda Guerra Mundial / World War II

83. Durante la Guerra Fría, ¿cuál era la principal preocupación de los Estados Unidos? / During the Cold War, what was the main concern of the United States?

- Comunismo / Communism

84. ¿Qué movimiento trató de poner fin a la discriminación racial? / 84. What movement tried to end racial discrimination?

- (el movimiento de) derechos civiles / civil rights (movement)

85. **¿Qué hizo Martin Luther King, Jr.? * / What did Martin Luther King, Jr. do? ***

- luchó por los derechos civiles / fought for civil rights

- trabajó por la igualdad de todos los ciudadanos americanos / worked for equality for all Americans

86. ¿Qué suceso de gran magnitud ocurrió el 11 de septiembre de 2001 en los Estados Unidos? / What major event happened on September 11, 2001, in the United States?

- Terroristas atacaron los Estados Unidos. / ▪ Terrorists attacked the United States.

87. Mencione una tribu de indios americanos en los Estados Unidos. / Name one American Indian tribe in the United States.

[A los oficiales del USCIS se les dará una lista de tribus amerindias reconocidas a nivel federal]. / [USCIS Officers will be supplied with a list of federally recognized American Indian tribes.]

- Cherokee / Cherokee

- Navajo / Navajo

- Sioux / Sioux

- Chippewa / Chippewa

- Choctaw / Choctaw

- Pueblo / Pueblo

- Apache / Apache

- Iroquois / Iroquois

- Creek / Creek

- Blackfeet / Blackfeet

- Seminole / Seminole

- Cheyenne/ Cheyenne

- Arawak / Arawak

- Shawnee / Shawnee

- Mohegan / Mohegan

- Huron / Huron

- Oneida / Oneida

- Lakota / Lakota

- Crow / Crow

- Teton / Teton

- Hopi / Hopi

- Inuit / Inuit

EDUCACIÓN CÍVICA INTEGRADO

A: Geografía

A: Geography

88. Mencione uno de los dos ríos más largos en los Estados Unidos. / Name one of the two longest rivers in the United States.

- (el Río) Missouri / (the River) Missouri

- (el Río) Mississippi / (the River) Mississippi

89. ¿Qué océano está en la costa oeste de los Estados Unidos? / What ocean is on the west coast of the United States?

- (el Océano) Pacífico / the Pacific Ocean

90. ¿Qué océano está en la costa este de los Estados Unidos? / What ocean is on the east coast of the United States?

- (el Océano) Atlántico / The Atlantic ocean

91. Dé el nombre de un territorio de los Estados Unidos. / Give the name of a territory in the United States

- Puerto Rico / Puerto Rico

- Islas Vírgenes de Estados Unidos / US Virgin Islands

- Samoa Estadounidense / American Samoa

- Islas Marianas del Norte /Northern Mariana Islands

- Guam / Guam

92. Mencione un estado que tiene frontera con Canadá. / Name one state that borders Canada.

- Maine / Maine

- Nueva Hampshire / N.H.

- Vermont / Vermont

- Nueva York / New York

- Pensilvania / Pennsylvania

- Ohio / Ohio

- Michigan / Michigan

- Minnesota / Minnesota

- Dakota del Norte / North Dakota

- Montana / Montana

- Idaho / Idaho

- Washington / Washington

- Alaska / Alaska

93. Mencione un estado que tiene frontera con México. / Name one state that borders Mexico.

- California / California

- Arizona/ Arizona

- Nuevo México / New México

- Texas / Texas

94. ¿Cuál es la capital de los Estados Unidos? * / What is the capital of the United States? *

- Washington, D.C. / Washington, D.C.

95. ¿Dónde está la Estatua de la Libertad? * / Where is the Statue of Liberty?

- (el puerto de) Nueva York / (the port of) New York

- Liberty Island / Liberty Island

[Otras respuestas aceptables son Nueva Jersey, cerca de la Ciudad de Nueva York y (el Río) Hudson]. / [Other acceptable answers are New Jersey, near New York City and (the River) Hudson].

B: Símbolos

B: Symbols

96. ¿Por qué hay 13 franjas en la bandera? / Why are there 13 stripes on the flag?

- porque representan las 13 colonias originales / because they represent the original 13 colonies

- porque las franjas representan las colonias originales / because the stripes represent the original colonies

97. ¿Por qué hay 50 estrellas en la bandera? * / Why are there 50 stars on the flag? *

- porque hay una estrella por cada estado / because there is a star for each state

- porque cada estrella representa un estado / because each star represents a state

- porque hay 50 estados / because there are 50 states

98. ¿Cómo se llama el himno nacional? / What is the national anthem called?

- The Star-Spangled Banner / The Star-Spangled Banner

C: Días feriados

C: Holidays

99. ¿Cuándo celebramos el Día de la Independencia? * / When do we celebrate Independence Day? *

- el 4 de julio / July 4

100. Mencione dos días feriados nacionales de los Estados Unidos. / List two United States national holidays.

- el Día de Año Nuevo / New Year's Day

- el Día de Martin Luther King, Jr. / Martin Luther King, Jr.Day

- el Día de los Presidentes / Presidents' Day

- el Día de la Recordación / Remembrance Day

- el Día de la Independencia / independence Day

- el Día del Trabajo / Labor Day

- el Día de la Raza (Cristóbal Colón) / Columbus Day (Christopher Columbus)

- el Día de los Veteranos / Veterans Day

- el Día de Acción de Gracias / the Thanksgiving

- el Día de Navidad / Christmas Day

Made in the USA
Las Vegas, NV
03 September 2022